Felix Salomon

Das politische System des jüngeren Pitt und die zweite Teilung Polens

Felix Salomon

Das politische System des jüngeren Pitt und die zweite Teilung Polens

ISBN/EAN: 9783955643287

Auflage: 1

Erscheinungsjahr: 2013

Erscheinungsort: Bremen, Deutschland

@ EHV-History in Access Verlag GmbH, Fahrenheitstr. 1, 28359 Bremen. Alle Rechte beim Verlag und bei den jeweiligen Lizenzgebern.

Das Politische System des jüngeren Pitt
und
die zweite Teilung Polens.

DR. FELIX SALOMON.

Berlin 1895
Druck von J. S. Preuss
Leipzigerstr. 31/32.

Einleitung.

Die auf den folgenden Blättern gegebene Darstellung soll nicht in erster Reihe als Ergänzung zu den vorhandenen Schriften über die zweite Teilung Polens gelten, noch weniger aber als eine aus dem grossen Zusammenhange der Politik Pitts willkürlich herausgegriffene Episode. Mein Wunsch ist es die Thätigkeit des jüngeren Pitt nach allen Seiten hin zu behandeln, und um nun zunächst in seine Leitung der auswärtigen Angelegenheiten einzuführen, erschien mir das vorliegende Thema besonders geeignet.

Seit dem Erscheinen von Sybels Geschichte der Revolutionszeit ist die Thatsache allgemein bekannt, dass der Revolutionskrieg nur in Verbindung mit den polnischen Wirren verstanden werden kann, da es der Hader über die polnische Beute war, der Schritt auf Schritt zersetzend und verbitternd auf den Bestand der grossen Coalition eingewirkt hat. Diese Erkenntnis ist bisher aber nur den Werken über die kontinentale Politik der Zeit zu gute gekommen, während die englischen Historiker immer noch vor der Frage Halt gemacht haben, wie sich Pitts Beziehungen zu Frankreich gestaltet und entwickelt haben. Nun liegt es aber auf der Hand, dass auch England durch die Verknüpfung der französischen mit der polnischen Frage aufs empfindlichste berührt worden ist, indem Pitt doch in ganz anderer Weise in den Krieg eintreten und die Führung desselben hätte übernehmen können, wenn es sich nur um einen Kampf gegen die Principien der französischen Revolution gehandelt hätte. Also lohnt es sich wohl auch zu prüfen, welche Haltung Pitt den polnischen Angelegenheiten gegenüber eingenommen hat und ob es nicht vielleicht in seiner Hand gelegen hätte, diesem Verhängnisse vorzubeugen. Von diesen Gesichtspunkten aus bin ich an die Arbeit herangetreten.

Im Verlaufe meiner Forschungen, die von den engeren Beziehungen Englands zu Polen ausgingen, hat es sich ergeben, dass die Sicherheit Polens eine Zeit hindurch einen integrierenden Teil eines grossen von Pitt entworfenen Systems gebildet hat, das, wenn es zu voller Durchführung gekommen wäre, die Teilung Polens nie zugelassen haben würde. So wurde es notwendig Pitt's polnische Politik in Verbindung mit diesem Systeme zu behandeln und darum die Darstellung in einen grösseren Rahmen zu fassen: Von der polnischen Frage zunächst absehend, habe ich, um die Entwicklung des „politischen Systems" Pitt's als solchen zu schildern, auf die ursprünglichen Tendenzen seiner auswärtigen Politik zurückgreifen müssen.

Der Darstellung zu Grunde gelegt sind vorzüglich die einschlägigen diplomatischen Akten des Record-Office und des British Museum in London, welches letztere den handschriftlichen Nachlass des Staatssekretärs des Auswärtigen Marquis of Carmarthen und die Papiere Lord Aucklands bewahrt.[1]) Dazu habe ich einige wichtige preussische Correspondenzen im Geheimen Staatsarchiv durchsehen dürfen.

Meinen wärmsten Dank den Herren, welche mich bei diesen archivalischen Studien unterstützt haben.

Berlin, im Oktober 1894.

---

[1]) Nur ein Teil dieser Papiere ist publiziert in „The Journal and Correspondence of William, Lord Auckland, by the Bishop of Bath". 1861—62. Die von mir benutzten ungedruckten Correspondenzen fallen in die Zeit, in welcher Lord A. Gesandter im Haag war.

§ 1.

Aus den vorhandenen Arbeiten über das Ministerium des jüngeren Pitt[1]) gewinnt man im grossen und ganzen die Anschauung, als ob in den ersten Jahren seiner Ministerschaft bis etwa zum Eintritt in die Verhandlungen, welche zum Abschluss der Tripelallianz von 1788 führten, von einer planmässigen Thätigkeit der englischen Regierung nach aussen hin und einem politischen Systeme überhaupt nicht gesprochen werden könne.[2]) Pitt erscheint ganz und gar in Anspruch genommen, die dem Lande durch den amerikanischen Krieg geschlagenen Wunden zu heilen, und soviel man vom Continent, von kriegerischen Verwicklungen und diplomatischen Aktionen vernimmt, so liest man in der gleichzeitigen Geschichte Englands nur von finanziellen und parlamentarischen Reformplänen. Zweifellos liegt der Schwerpunkt der

---

[1]) Hervorzuheben sind die Werke von Stanhope und Lecky, „History of England in the 18th Century" Vol. IV—VI, London 1885 1887, sowie die jüngst erschienene treffliche Schrift Lord Roseberys: Pitt (Twelve English Statesmen). London 1891. Zahlreiche sonstige Biographien Pitt's kommen hier nicht in Betracht, weil sie nicht auf eigenen Quellenstudien beruhen.
[2]) So auch Rosebery; S. 99.

Pitt'schen Verwaltung in diesen Jahren auf dem Gebiete der inneren Politik; aber die auswärtigen Angelegenheiten sind darum nicht vernachlässigt worden, und ein Einblick in das Getriebe des Auswärtigen Amtes lehrt nicht nur, wie regsam man hier war, sondern auch, dass auch auf diesem Gebiete von Anfang an thatsächlich ein System ins Auge gefasst worden ist, in welchem die scheinbar unzusammenhängenden Fäden der englischen Diplomatie zusammenliefen. Und von der Kenntnis desselben hat eine Beurteilung der späteren politischen Kombinationen insofern auszugehen, als die Entwicklung sich keineswegs, wie man es wohl anzunehmen pflegt, bis zum Eintritt in die Revolutionszeit in gerader Linie vollzogen hat. Wir schöpfen die Einzelheiten aus den Papieren des von Pitt zur Leitung der auswärtigen Politik berufenen Marquis of Carmarthen, späteren Herzogs von Leeds, insbesondere aus seinen von Browning in dankenswerter Weise veröffentlichten politischen Denkschriften.[1])

Die Frage über welche das Pitt'sche Cabinet sich zunächst zu entscheiden gehabt hatte, war die, ob es, unter den Verhältnissen, in welchen England sich nach dem Frieden von Versailles (1783) befand ratsamer wäre, das Land in isolirter Position zu belassen, zum mindesten bis dass es hinreichende Kräfte gesammelt hatte, um die ihm gebührende Stellung in der europäischen Staatengemeinschaft einnehmen zu

---

[1]) Oscar Browning: The political Memoranda of Francis Fifth Duke of Leeds. Printed for the Camden Society. 1884. Dazu hat Browning einen kurzen Essay veröffentlicht: „The foreign policy of William Pitt" in „The flight to Varennes and other historical Essays". London 1893.

können, oder ob es nicht auch der inneren Lage zu gute kam, wenn man sogleich an den Ausbau eines Allianzsystems heranging, welches das verlorene Ansehen wiederschaffen und einen Rückhalt nach aussenhin bieten musste. Die Meinungen hierüber sind sichtlich auseinandergegangen; die Ansicht, die Carmarthen sowohl wie Pitt vertraten,[1] und welche durchdrang, war die, dass zwar aufs peinlichste Verbindungen zu vermeiden wären, die in einen neuen Krieg verwickeln könnten, dass aber das Land nicht nur der Ruhe, sondern auch der Sicherheit bedürfe, und dass diese Sicherheit allein in einer Anlehnung an die Kontinentalmächte gefunden werden könnte. Eine weitere Isolirung würde die politische Würde und sogar die politische Existenz Englands gefährden.[2]

Wurde diese Entscheidung gefällt, so hatte über Aufgabe und Richtung der englischen Politik kein Zweifel mehr sein können. Englands Niederlage hatte zugleich einen Triumph des bourbonischen Hauses und des bourbonischen Einflusses in Europa bedeutet, der sich überdies noch auszudehnen drohte. Also galt es sich diesem entgegenzustellen und die Errichtung eines Gegengewichts gegen die Bourbonen als Inhalt eines jeden politischen Systems ins Auge zu fassen. Fraglich aber war wohl, in welcher Weise dieses Ziel in Anbetracht der zwischen den Conti-

---

[1] Ich betone die Uebereinstimmung beider, wie sie aus den von mir zitirten Aeusserungen Pitt's durchweg hervortreten wird, ausdrücklich, weil Browning S. 98 anderer Ansicht ist.

[2] Carmarthen an den Lord-Kanzler. 27. October 1784. Leeds Papers, Br. Mus. 28061. Vgl. dazu ein Schreiben von Harris an Pitt, 22. Dezember 1784. Ibidem 28062.

nentalmächten bereits bestehende Allianzen — Frankreich befand sich im Bündnis mit Oesterreich (seit 1756), und Oesterreich mit Russland (seit 1780) — am besten erreicht werden könnte, und welche Mächte sich überhaupt bereit finden würden dem englischen Bunde beizutreten. Die hierüber angestellten Ueberlegungen bilden den wesentlichen Inhalt von Carmarthen's Denkschriften. Man entnimmt ihnen, dass der Gang der englischen Diplomatie vornehmlich durch zwei Gesichtspunkte bestimmt worden ist: einmal durch das Bestreben das österreichisch-französische Bündnis zu lösen und dann durch den Wunsch, wenn möglich die beiden Kaiserhöfe für die englische Allianz zu gewinnen — Carmarthen bezeichnete das als seinen Lieblingsplan[1]) — wenn aber nicht mit beiden, so doch jedenfalls mit Russland abzuschliessen.[2])

In diesem Zusammenhange tritt zunächst die Haltung Englands dem Wiener Hofe gegenüber in das rechte Licht, und man begreift, wieso die englischen Minister, anstatt dem unruhigen Treiben Kaiser Josefs entgegenzutreten, nach Wien die Versicherung sandten, England wolle dazu beitragen, den Kaiser zu dem zu machen, was er sein müsse: zum formidablen Rivalen des Hauses Bourbon.[3]) Als es also im Jahre 1784 bei dem Versuche des Kaisers die Schelde zu eröffnen zu Mishelligkeiten mit Holland kam, die zu einem Kriege zu führen drohten, waren die englischen Minister durchaus nicht ungehalten;

---

[1]) Political Memoranda S. 116.
[2]) ebendaselbst S. 106, 107.
[3]) Carmarthen an Keith, 7. September 1784 bei Browning „The Triple alliance of 1788" Essays S. 153.

sie wünschten sogar den Ausbruch von Feindseligkeiten, und suchten ihn zu fördern, in der Hoffnung, dass dieser Konflikt Oesterreich von Frankreich, welches in Wien Nachgiebigkeit empfahl, trennen und in Englands Arme führen würde.[1])

Den eigentlichen Angelpunkt der Allianzverhandlungen bildeten aber die Unterhandlungen mit Russland, die Carmarthen in jeder Beziehung als grundlegend ansah.[2]) War man mit Petersburg im Einvernehmen, so musste das Gewicht des Petersburger Hofes mehr wie alles andere dazu beitragen, die englischen Bestrebungen in Wien zu fördern und Carmarthen meinte sogar, dass eigentlich nur auf diesem Wege ein Erfolg bei dem Kaiser von Oesterreich erzielt werden könnte. Dann aber liess sich, für den Fall, dass das Projekt der Tripelallianz mit den Kaiserhöfen scheiterte, mit Russland vereint, auch noch ein anderes System aufbauen. Würde nämlich der Kaiser an dem französischen Bündnisse festhalten wollen, so durfte man darnach seine Blicke nach Berlin wenden, während, wenn dies ohne Russlands Einverständnis geschehen würde, die Zarin Schwierigkeiten machen könnte, einer Allianz beizutreten, in welcher der Rivale ihres kaiserlichen Bundesgenossen Aufnahme gefunden hätte. Das russisch-preussische Bündnis wäre durch Aufnahme Dänemarks zu stärken; wie auch der Gedanke einer Tripelallianz von England, Russland, Dänemark mit Ausschluss Preussens ins Auge gefasst wurde. Denn eine Verbindung mit

---

[1]) Carmarthen an Dorset, 7. und 12. November 1784 bei Barral-Montferrat „Dix ans de paix armée entre la France et l'Angleterre". Paris 1894. I. 40, 41.

[2]) Für das Folgende das Memorandum „Foreign Alliance" endorsed Juni 11. 1784, Political Memoranda S. 106. 107.

Preussen war dem Staatssekretär von allen Kombinationen die am wenigsten sympathische: er sagte einmal geradezu: dass er nur gezwungen mit Preussen in Bündnis treten würde.¹) Diese Entwürfe Carmarthens fanden übrigens das volle Einverständnis Pitts, der sich persönlich vorzüglich auch für die russische Allianz interessirte. Unter den Papieren Carmarthens findet sich ein von Pitts Hand geschriebener Entwurf einer nach Petersburg ergangenen Depesche, in welcher dem Wunsche, sich mit Russland zu alliiren, Ausdruck gegeben ist,²), dazu ein Schreiben Pitts an Carmarthen: „Ich habe die Genugthuung zu beobachten, dass unsere Ansichten in keiner Hinsicht auseinanderzugehen scheinen.³)

Der Bedeutung, welche die Minister den russischen Beziehungen beimassen, entsprach der Eifer, mit welchem die Verhandlungen betrieben wurden. Der im Frühjahr 1784 nach Petersburg abgehende Gesandte Fitzherbert erhielt den Auftrag, sogleich die Bündnisfrage aufzunehmen, und er that es, indem er angab dass die Zeitverhältnisse jetzt, wo allenthalben Frieden herrsche, besonders geeignet erschienen, um diese Angelegenheit zu erledigen.⁴) Dazu liess man keine

---

¹) Political Memoranda S. 116. Neben Carmarthen war unter den Mitgliedern des Kabinets auch der Herzog von Richmond ein heftiger Gegner Preussens. Er sagte einmal zum österreichischen Gesandten: „he thought it fit for the interest of England that one of the two great rival powers of Germany should swallow up the other and that provided that event took place, it would be perfectly indifferent to us, which was the survivor." Carmarthen an Harris 5. Februar 1786. Leeds Papers Br. Mus. 28 061.

²) Sent to Russia October 15. 1784.

³) Leeds Papers Br. Mus. 28 060.

⁴) Bericht des russischen Gesandten bei Martens „Recueil des Traités et conventions conclus par la Russie avec les

Gelegenheit vorübergehen, den russischen Gesandten in London der Sympathien des Ministeriums für die russische Regierung zu versichern. Carmarthen sagte ihm, dass nicht nur er, sondern die ganze Nation den Abschluss mit Russland ersehne,[1]) und Pitt bemerkte mit Emphase, dass Russland und England ihrer von der Natur gegebenen Lage nach niemals in die Notwendigkeit kommen könnten, sich gegenseitig zu bekämpfen: denn die Freundschaft beider Länder beruhe auf der Gemeinsamkeit ihrer Interessen.[2]) Am weitesten ging Fox, der mit der auswärtigen Politik der Minister durchaus übereinstimmte: Er sagte zum Grafen Woronzow, England sei verloren, wenn es sich mit Russland brouillire.[3])

Man ist nun gespannt, zu vernehmen, wohin diese Bemühungen geführt haben, und vor allem, wie Catharina sie aufgenommen hat. Da erfährt man, dass die Zarin das englische Allianzanerbieten zwar nicht zurückwies, aber doch auch nicht annahm, dass sie vielmehr sichtlich darauf ausging, den englischen Hof hinzuhalten. So erhielt Fitzherbert auf seinen ersten Antrag den Bescheid, dass es doch besser wäre den Abschluss der Allianz aufzuschieben, bis dass sich die Situation Europas klarer abgezeichnet hätte; und als er wenige Monate später auf die Frage zurückkam, und den rechten Augenblick für gekommen hielt, weil

---

puissances étrangères. Publié par l'ordre du Ministère des affaires étrangères. Tome IX (X) „Traités avec l'Angleterre". 1710—1801, Petersburg 1892. S. 327.

[1]) Martens S. 328.
[2]) Martens S. 334.
[3]) Archives du Prince Woronzow, Moskau 1876, vol. VIII. S. 10.

die Ruhe überall hergestellt wäre und insbesondere die Streitigkeiten mit der Pforte eine Regelung gefunden hätten, wich der Vizekanzler Ostermann abermals aus. Ebensowenig ging dieser auf einen neuen Vorschlag ein, eine Quadrupelallianz mit Dänemark und Schweden abzuschliessen, und sagte nur immer wieder, dass die Zeit der Behandlung der Allianzfrage noch nicht günstig wäre.[1]) Nicht minder zurückhaltend als der russische Hof, verhielt sich der österreichische: das österreichisch-französische Bündnis bestand vielmehr fort, und machte sich in beunruhigender Weise geltend.

Gleichwohl ist das englische Ministerium in derselben Richtung weitergegangen. Wenn es auch im Frühjahr 1785 sich zum ersten Male dem Berliner Hofe genähert, und zumal durch den Beitritt Hannovers zum Fürstenbunde in Wien und Petersburg den Glauben erweckt hat, dass ein Systemwechsel beabsichtigt sei, so war thatsächlich davon nicht die Rede. Wohl hat Sir James Harris, der Gesandte im Haag, auf dessen Ansicht die Minister sehr viel gaben, damals dem Ministerium die Frage vorgelegt, ob dem stetig wachsenden Einflusse Frankreichs in Holland gegenüber, aus dem man ein französisch-holländisches Bündnis sich entwickeln sah, nicht ein gemeinsames Vorgehen Englands und Preussens geboten wäre,[2]) und es erfolgte daraufhin auch eine Spezialmission an den grossen König in Potsdam. Aber es handelte sich hier doch eben nur um die holländische Frage allein, und Carmarthen bemerkte ganz ausdrücklich,

---

[1]) Martens S. 327. 328.
[2]) Political Memoranda S. 111 ff.

dass Lord Cornwallis, dem diese Mission übertragen war, nicht den Auftrag gehabt hätte, über eine Allianz zu unterhandeln, sondern nur sich über die Ansichten des Königs zu orientiren.[1]) Und Englands Beitritt zum Fürstenbunde war mehr ein Akt persönlicher Politik des Königs, als eine von weiteren Gesichtspunkten aus gefasste Massregel der Minister, die sogar erkennen liessen, dass sie mit dem Vorgehen des Königs nicht übereinstimmten. Pitt schien ganz besonders über die Hartnäckigkeit des Königs verstimmt, der absolut für Hannover habe Partei nehmen wollen,[2]) und Carmarthen äusserte sich ebenfalls in Worten, die seinem königlichen Herrn nicht hätten zu Ohren kommen dürfen.[3])

Alles dies bedeutete also nur eine Episode, und da Friedrich der Grosse gar auch seinerseits noch darauf hingewiesen hatte, dass erst Russland gewonnen sein müsse, bevor England und Preussen eine Allianz eingehen könnten — eine Tripelallianz einzugehen wäre er dann sehr bereit[4]) — so wurde die russische Unterhandlung ohne weiteres wieder aufgenommen. Harris, den man einseitig als Anhänger

---

[1]) Carmarthen an Harris 19. September 1785, Diaries and Correspondence of James Harris, First Earl of Malmesbury, London 1844. II. 153.

[2]) Bericht von Simolin 8/19. August 1785. Martens S. 330.

[3]) „His Maj. looks upon his honour too deeply engaged to abandon the league; it will therefore perhaps be necessary to prove the distinction between the interests of the Crown and the Bonnet. By the by it is not the first time England has been brought into a scrape by a bonnet". Carmarthen an Harris 8. August 1785. Leeds Papers Br. Mus. 28 060.

[4]) Correspondence of Charles, first Marquis Cornwallis, edited by Ch. Ross, London 1859. I. 201.

des preussischen Bundesentwurfs bezeichnet hat, trat jetzt ebenfalls für die russische Allianz ein, und setzte in einer besonderen Denkschrift auseinander,[1]) wie man die Zarin über den Beitritt Englands zum Fürstenbunde beruhigen könnte. Man solle ihr vorstellen, dass sie sich in grossem Irrthum befände, wenn sie diesen Beitritt als ein Hindernis eines russisch-englischen Bündnisses betrachte; er spräche nicht einmal gegen ein Bündnis mit dem Kaiser, und beweise in keinem Falle, dass England entschlossen sei, sich mit Preussen zu verbünden. So stehe das englische Ministerium nicht an, dem russischen Hofe als Zeichen seines Vertrauens mitzuteilen, dass es nicht daran dächte, Verpflichtungen dem Berliner Hofe gegenüber einzugehen, eher als dass die Ereignisse es dazu zwängen, und dass, um keinen Zweifel an seiner Aufrichtigkeit zu lassen, das britische Cabinet bereit sei, sofort einen separaten Vertrag und eine Defensiv-Allianz mit Russland und Dänemark zu schliessen, unter Bedingungen, die die Kaiserin für die geeignetsten halten würde. Daraus sei es ersichtlich, dass England keine Interessen in Deutschland oder sonst wo hätte, die den russischen entgegenständen. Auf denselben Gedanken kam Harris noch einmal zurück: Man müsse den Höfen von Wien und Berlin gleichmässig schmeicheln, um beiden die Hoffnung zu machen, dass man sie zu Teilnehmern an einem mit Russland zu bildenden Systeme heranziehen wolle, seine ganze

---

[1]) Thought on the general situation of Europe and more particularly on the relative position of England and Russia. Beiliegend dem Briefe von Harris an Carmarthen, 12. Oktober 1785 und ganz in der Handschrift von Harris. Leeds Papers Br. Mus. 28 060.

Aufmerksamkeit aber darauf richten, die Zarin um jeden Preis zu gewinnen und mit ihr und Dänemark abzuschliessen. Damit würde England sein politisches Ansehen, das oft mehr ausmache als wirkliche Macht, wiedergewinnen, und andere Mächte würden die Freundschaft Englands suchen, anstatt dass es jetzt um die ihrige zu werben habe.[1])

Pitt und Carmarthen äusserten sich ganz in diesem Sinne zum russischen Gesandten; Pitt interessierte sich dabei vornehmlich für die Frage eines neuen Handelsvertrages, da der alte, im Jahre 1766 abgeschlossene, 1786 ablief, und bemerkte, wie unzufrieden die ganze englische Nation sein würde, wenn er nicht zustande käme; man würde das Ministerium angreifen und ihm vorwerfen, sich mit Russland brouillirt zu haben.[2]) In Bezug auf die Wahl eines Zusammengehens mit Preussen oder Oesterreich, welche Harris erwähnt hatte, schrieb Carmarthen damals noch wieder, dass Oesterreich der beständige und natürliche Bundesgenosse Englands sein müsste, während er Preussen im besten Falle nur als einen „gelegentlichen" würde bezeichnen können.[3])

Ich behaupte nun, dass wenn hiernach die russischen Verhandlungen in den Hintergrund traten, und — nach dem Thronwechsel in Berlin und infolge des Ausbruchs der holländischen Wirren — eine neue Annäherung an Preussen notwendig geworden ist, die dann bekanntlich zum Abschluss der Allianz von

---

[1]) Harris an Pitt, 22. Dezember 1786, Leeds Papers Br. Mus. 28062.
[2]) Martens S. 335.
[3]) Carmarthen an Harris, 24. Juli 1786. Malmesbury Diaries II, 211.

1788 geführt hat, — auch jetzt das anfängliche System, von den englischen Ministern nicht aus den Augen verloren wurde. Es ist hier nicht der Ort, das Zustandekommen dieser Allianz, über welche viel geschrieben worden ist, noch einmal eingehender zu erörtern, wenn gleich aus den englischen Akten manche Ergänzungen zu entnehmen bleiben.[1]) Den Ausgangspunkt bildeten die inneren Streitigkeiten Hollands insofern, als von den beiden sich bekämpfenden Parteien, die eine, die der Patrioten, wie sich die Anhänger der in den Provinzialstaaten von Holland formulirten Ansprüche nannten, sich eng an Frankreich lehnte, so dass die Unterstützung der anderen, der des Erbstatthalters, englischerseits durchaus notwendig erschien, um den Franzosen gegenüber Hollands Selbstständigkeit zu wahren. In diesem Sinne waren Anträge zu gemeinsamem Vorgehen an den Berliner Hof ergangen, der durch den holländischen Zwist dadurch besonders berührt war, dass die Gemahlin des Erbstatthalters — die Schwester des Königs von Preussen — auf einer Reise nach dem Haag von den Truppen der Staaten festgehalten und somit in einer Weise beleidigt worden war, die den preussischen Monarchen auf's tiefste empört hatte. Doch war ein Einvernehmen zwischen England und Preussen hieraufhin noch nicht zu Stande gekommen, weil Friedrich Wilhelm II. für seine Schwester zwar sogleich Satisfaktion verlangt, aber dieselbe von den Intentionen der Engländer abweichend, von allem, was die Re-

---

[1]) Die kurzen Notizen, die ich hier gebe, beruhen indessen wesentlich auf Bailleu, Graf Hertzberg, Sybel's Historische Zeitschrift, Band 42, S. 450 ff.

gierung der Republik betraf, zu trennen gewünscht hatte. So hatte es, ehe die Allianz eingeleitet werden konnte, noch erst einer anderen Entwickelung bedurft. Der König von Preussen hatte mit der ausdrücklichen Erklärung sich in die inneren Angelegenheiten Hollands nicht mischen zu wollen, seine Truppen in Holland einmarschiren lassen. Unter diesem Eindrucke war im Haag eine Umwälzung erfolgt, durch welche — ohne Zuthun Preussens — die Partei des Statthalters das Uebergewicht erlangt hatte. Für Preussen handelte es sich von hier an also nur mehr noch um Aufrechterhaltung eines bestehenden Zustandes und diesen gegen neue Drohungen Frankreichs zu sichern, erklärte sich Preussen bereit mit England zusammenzuwirken. Es wurde jetzt den englischen Vorschlägen entsprechend, die für die Tripelallianz grundlegende Uebereinkunft abgeschlossen, in der beide Mächte sich verpflichteten, die Unabhängigkeit und Verfassung der Republik nach den bisher von ihnen angenommenen Grundsätzen zu gewährleisten.

In unserem Zusammenhang interessirt es uns bei alledem zu beobachten dass die englische Diplomatie im Laufe dieser Unterhandlungen, wie von Anfang an, die Spitze noch ausschliesslich gegen Frankreich richtete, und weiterhin dass sie getrachtet hat, wenn auch nicht mehr mit beiden Kaiserhöfen, so doch wenigstens mit Russland in gutem Verhältnisse zu bleiben. Nicht also, dass das englische Ministerium bereits zur orientalischen Frage Stellung genommen hätte, die infolge des Ausbruchs des russisch-türkischen Krieges wieder auf die Tagesordnung gebracht war. Pitt schrieb hierüber an Eden, dass dies nur dann geschehen würde, wenn Frankreich in die Streitigkeiten eingreifen wollte,[1]) und noch bezeichnender war seine Aeusserung zu dem russischen Gesandten: Frankreich habe die Absicht sich in den Krieg einzumischen, um Erwerbungen in der Türkei zu machen, woraufhin er in Versailles erklärt habe, dass er dies nie zugeben würde. „Eroberungen, welche Russland machen wird, werden uns niemals beunruhigen, aber wir werden keine Vergrösserung Frankreichs gestatten.[2])

Ganz deutlich trat dieselbe Tendenz bei den Schlussverhandlungen des englisch-preussischen Bündnisses hervor. Riet doch Harris, der vor anderen sich um dasselbe verdient gemacht hatte, ausdrücklich den Abschluss darum nicht zu verzögern, weil Russland eher nachher als vorher beitreten würde;[3]) und fand in dem Allianztractat selbst ein Artikel Aufnahme, dass die nordischen Mächte zum Beitritt aufgefordert werden sollten. Ueberdies war der Wortlaut des Tractats, der zur Veröffentlichung gelangte so gefasst, dass jede Wendung, welche Russland misstrauisch machen konnte, vermieden war. Gewiss hätte das nicht ohne Zustimmung des preussischen Alliirten geschehen können, aber es war nicht erst nötig gewesen diesen zu überreden, indem der leitende preussische Staatsmann Graf Hertzberg betreffs Russ-

---

[1]) Pitt an Eden, Oktober 1787. Journal and Correspondence of William Lord Auckland I, 217.

[2]) Bericht von Woronzow, Februar 1788 bei Martens S. 341.

[3]) „He (der Ratspensionär) agreed entirely with me in opinion, that if England, Prussia, and the Republic were united in one and the same system, the Court of Petersburg would be more likely to join us, than before such a union was concluded". Harris an Carmarthen, 5. Februar 1788. Malmesbury Diaries II, 414.

lands die englischen Gesichtspunkte von Anfang an geteilt hatte.¹) Fanden sich dann die orientalischen Angelegenheiten aber doch erwähnt und zwar in einem geheimen Artikel, so war dies dem Wunsche Hertzberg's zuzuschreiben, der insofern darauf bestand, als er in der Unterstützung seiner orientalischen Politik seitens Englands nur erst die Gegenleistung für seine Vertretung der englischen Interessen in Holland sah: aber die Engländer verpflichteten sich traktatsmässig doch nur dazu gemeinschaftlich mit Preussen den Frieden zu vermitteln. Sie gingen wesentlich darum darauf ein, weil Hertzberg die Besorgnis bei ihnen wachgerufen hatte, dass, wenn man zugäbe, dass Frankreich der österreichischen Regierung, — die als Bundesgenossin Russlands in den Krieg gegen die Türkei mit eingetreten war, — zu einem vorteilhaften Frieden mit den Türken verhelfe, der Kaiser sich den Franzosen zur Verfügung stellen würde, um die von den Franzosen in Holland erlittene Demütigung zu rächen.²) Der leitende Gedanke für sie war also auch da noch die Sorge vor französischen Uebergriffen.

Man darf also wohl sagen, wenn man von hier aus auf die ersten Entwürfe Carmarthen's zurückblickt, dass das ursprüngliche System in den wesentlichsten Punkten bis hierher eingehalten ist. Einmal in Bezug auf die Richtung der englischen Politik, die immer noch gegen Frankreich zielte, und dann in Bezug auf die anfangs gestellte Aufgabe derselben, indem zwar die Lösung der französisch-österreichischen

---

¹) Bailleu, S. 463 ff.
²) Bericht Ewart's aus Berlin 15. März 1788. Rec. off Prussia Vol. 138.

Allianz nicht gelungen und damit die Verbindung mit beiden Kaiserhöfen unmöglich geworden war, aber indem doch eine Allianz geschaffen war, durch welche man den Anschluss an Russland erleichtert zu haben meinte.

Hier macht diese ganze Bewegung nun aber halt, und es treten Verhältnisse ein, welche der englischen Politik eine neue Aufgabe und eine neue Richtung zuweisen.

Wir gelangen hiermit zu der Combination in welcher England, wenn auch nur zunächst vorübergehend, zu der polnischen Frage Stellung nehmen wird.

§ 2.

Zwei Momente sind es gewesen, welche diese Wendung herbeigeführt haben: Einmal und vor allem die immer stärker hervortretende innere Zerrüttung Frankreichs, und der bald folgende Ausbruch der revolutionären Unruhen, welche, so wenig man ihre volle Tragweite auch zuerst durchschauen mochte, zum mindesten erkennen liessen, dass die Aktionsfähigkeit Frankreichs nach aussen hin gelähmt war. Es ergab sich also, dass eben der Gegner, gegen welchen die englischen Minister sich bis hierher ausschliesslich gerüstet hatten, von jetzt an am wenigsten gefürchtet zu werden brauchte, wie denn auch das österreichisch-französische Bündnis, um dessen Lösung wir die englische Diplomatie sich hatten mühen sehen, in sich selbst zerfiel. Dann war es die Haltung der Zarin welche, durch den agressiven Charakter, den ihre Politik annahm, steigenden Widerspruch in London hervorrief, der, weil nun das englische Cabinet seine Blicke nicht mehr ängstlich nach Paris zu wenden brauchte, zu einem bedeutsamen Wechsel in den Beziehungen beider Länder zu einander Anlass gab.

Catharina wies nämlich eine von den Mächten der Tripelallianz angebotene Friedensmediation nicht nur ab, sondern unternahm im Osten und Norden Schritte, die den Krieg vielmehr auszudehnen drohten: im Norden, indem sie den dänischen Hof zum Einfall in Schweden aufforderte, das die Waffen gegen Russland erhoben hatte; im Osten, indem sie mit Polen in Verhandlungen trat und ihre Absicht erklärte, mit diesem Lande ein Bündnis einzugehen. Aus der Intervention Dänemarks war eine Niederwerfung Schwedens zu besorgen, die den russischen Interessen in der Ostsee ein gewaltiges Uebergewicht verschaffen musste. Ein polnisch-russisches Bündniss konnte aber gar zur Folge haben, dass Englands Alliirter, Preussen, in den orientalischen Krieg unmittelbar hineingezogen wurde, indem die Türken schon längst gedroht hatten, einen Einfall in Polen zu unternehmen, wenn die Republik fortführe, den Gegnern Schutz zu gewähren; wurde aber Polen Schauplatz des Krieges, so näherte sich dieser in bedrohlichster Weise den preussischen Grenzen. Darauf hatte sich denn Graf Hertzberg, der aus der polnischen Politik der Zarin auch nach anderer Richtung hin einen Strich durch seine Rechnung besorgte, zu sofortigem Eingreifen entschlossen, und die von den Russen geplante Allianz den Polen seinerseits vorgeschlagen. Eine Einladung in diesem Sinne war sogleich an den polnischen Reichstag ergangen. Gleichzeitig wandte er sich aber auch an das englische Ministerium, um sich über die Stimmung in London zu vergewissern.

Und jetzt finden wir nun die Sprache des englischen Cabinets durchaus verändert: aus allen Kundgebungen erklingt derselbe Grundton, dass man entschlossen war, den russischen Eroberungsgelüsten nicht minder als bisher den französischen entgegenzutreten. So erging nach Berlin die Versicherung, dass eine Vergewaltigung Schwedens nicht geduldet werden würde, und entsprechende Massregeln wurden ergriffen, um den Dänen Halt zu gebieten.[1]) So meinte jetzt Pitt, dass es auch im englischen Interesse läge, eine zu grosse Schwächung der Türkei zu verhüten, und bemerkte zu dem russischen Gesandten, der der Hoffnung Ausdruck gab, England werde der Türkei gegenüber dieselbe Haltung bewahren wie im letzten Kriege — man hatte damals die Russen unter der Hand in jeder Weise begünstigt —: die Verhältnisse wären völlig verändert; er werde nicht ein Haar breit von der striktesten Neutralität abgehen.[2]) Und in diesem Zusammenhange hat er sich nun auch über die polnischen Angelegenheiten zum ersten Male geäussert, die dadurch noch eine besondere Bedeutung gewannen, dass die Polen sich mit England in direkte Verbindung gesetzt hatten. Nahmen diese nämlich das preussische Allianzanerbieten an, trotzdem sie beständig in der Angst lebten, dass, sobald nur Frieden zwischen Russen und Türken geschlossen wäre, Preussen sich mit Russland aussöhnen und in eine neue Teilung polnischen Gebiets eintreten würde, so war es vornehmlich in Hinblick auf die Verbindung Preussens mit England geschehen.[3]) Denn ihr weiterer Wunsch

---

[1]) Carmarthen an Ewart 29. August, 2. September 1788. Rec. off Prussia vol. 139.

[2]) Bericht von Woronzow 7/18. März 1788, Martens S. 339.

[3]) Bericht des englischen Residenten in Warschau, Hailes 26. Januar 1789. Rec. off Poland vol. 129.

war es, in die Tripelallianz aufgenommen zu werden, und diese Bitte trugen sie in London vor. Sie reichten zu diesem Zwecke eine Denkschrift ein,[1]) in der sie ausführten, dass von allen europäischen Mächten England ohne Zweifel die wäre, deren politisches System, weit entfernt mit den Interessen Polens zu kollidiren, diesen beständig das günstigste gewesen wäre, und in welcher sie -- sehr diplomatisch die wenig ruhmvolle Haltung Englands zur Zeit der ersten Teilung umgehend -- bemerkten, dass die schwierigsten Krisen, in denen sich ihr Land befunden hätte, ebenso viel Epochen bedeuteten, in welchen Grossbritannien je nach den Zeitverhältnissen mehr oder minder wirksam für die Polen eingetreten sei. Insbesondere aber boten sie in Erinnerung, wie sie sagten, an diese von den Engländern geleisteten Dienste, und um ein neues Band zwischen beiden Ländern herzustellen, neue Handelsvorteile an. Auf diese Vorschläge ging Pitt, der Polens bis dahin nur einmal gedacht hatte, um, weil es hiess, dass Stanislaus mit Catharina in gutem Einvernehmen sei, auch von dieser Seite um die russische Freundschaft zu werben,[2]) allerdings nicht ohne Weiteres ein. Hailes selbst, der englische Gesandte in Warschau, riet sogar ab, indem er auf die Unbeständigkeit des polnischen Charakters und die Gefahren hinwies, die aus der

---

[2]) Idées relatives aux liaisons de commerce qui pourraient être formées entre la Grande-Bretagne et la Pologne. Rec. off. Poland (Supplementband No. 128).

[1]) „If through the mediation of the King of P. the Empress could even for a time be settled favorably to England the most essential advantages might be derived to us". Carmarthen an Whitworth. April 1787. Rec. off Poland Vol. 129.

Beschirmung einer Art von neuen Kolonien entstehen könnten;[1]) und mit der Handelsfrage hatte sich Pitt noch nicht genügend vertraut gemacht.[2]) Aber dem preussischen Gesandten gegenüber sagte er doch, dass die preussischen Interessen in Polen auch die Englands seien.[3])

So schien denn ein neues System sich heranzubilden, das in gleichem Masse sich gegen die Zarin feindselig erwies, in welchem das erste auf ihre Freundschaft basirt hatte. Die englischen Minister gingen in dieser Richtung so weit, eine Drohnote nach Petersburg zu senden[4]). wie der englische Gesandte daselbst überhaupt instruiert wurde, nicht die Sprache eines Schmeichlers zu führen, sondern die des Vertreters einer Macht, die fordere, und ihre Forderungen mit allem Nachdruck durchzusetzen entschlossen sei.[5])

Aber die Gedanken des leitenden preussischen Staatsmannes, der eigentlich den Engländern diesen Weg gewiesen hatte, beschränkten sich auf die bisher

---

[1]) Bericht von Hailes, 8. Februar 1789. Rec. off Poland Vol. 129.

[2]) So bezeichnete Pitt in einer von seiner Hand geschriebenen Denkschrift den Vorschlag Polen in Hinblick auf die Ausdehnung des englischen Handels zu kräftigen, als „too remote and contingent to be relied upon". Leeds Papers Br. Mus. 28 068.

[3]) Ranke „Die deutschen Mächte und der Fürstenbund" S. W. XXXI—XXXII S. 345.

[4]) Herrmann, Geschichte Russlands (Geschichte der europäischen Staaten, herausgeg. von Heeren-Ukert) Gotha 1865. VI, 255.

[5]) ebendaselbst S. 218.

erwähnten Gesichtspunkte nicht, sondern zielten vielmehr darauf, die Friedensmediation, zu der England die Mitwirkung zugesagt hatte, noch in ganz anderer Weise auszunutzen. Er dachte daran, um seinen bekannten „Tauschplan" in wenigen Worten wiederzugeben, die Vermittlung in der Weise zu leiten, dass er für Preussen einen territorialen Gewinn erlangte, und zwar dadurch, dass er die Türkei zu einer Abtretung an Oesterreich, Oesterreich zu einer solchen an Polen veranlasste, welch letzteres damit in den Stand gesetzt werden sollte, an Preussen Danzig, Thorn, Posen und Kalisch als Lohn für die preussischen Bemühungen zu überlassen. Diesem ersten Entwurfe, der somit auf eine Niederlage der Türken spekulirte, wurde allerdings bald der Boden entzogen, da die Türken siegreich blieben. Aber der von Hertzberg angeregte Wunsch nach Landerwerb wurde darum nicht fallen gelassen, und war sein Plan fürs erste gescheitert, so trat in Berlin eine andere Strömung hervor, welche das, was dieser auf dem Wege diplomatischer Verhandlungen erstrebt hatte, mit den Waffen in der Hand zu erlangen meinte. Die Mächte, welche in ihrer Selbständigkeit bedroht waren — Türken und Polen — sollten mit Preussen in ein kriegerisches Bündnis zusammengefasst werden, das sich nicht nur gegen Russland, sondern gegen beide Kaiserhöfe richten, und das polnische Tauschobjekt - Galizien — den Oesterreichern mit Gewalt entreissen sollte. Zu Statten kam es dieser Strömung, dass in Galizien und Belgien Aufstände ausbrachen, welche den Wiener Hof in die ärgste Verlegenheit brachten. Hertzberg war mit diesen Bestrebungen wenig einverstanden, da er mit den Kaiserhöfen nicht in dieser Weise zu brechen wünschte, aber kein geringerer unterstützte sie, als der König von Preussen selbst.[1])

War es nun aber von den Engländern zu erwarten, dass sie auch auf diesen Wegen den preussischen Alliirten folgen würden? Man wird nicht staunen, dass es nicht geschah, und dass Pitt, der die Friedensmediation zu der er sich verpflichtet hatte in dem Sinne auffasste, den Frieden möglichst schnell und mit möglichst geringer Veränderung des früheren Besitzstandes hergestellt zu sehen, einem System die Mitwirkung versagte, das seinen Tendenzen in jedem Punkte widersprach. Nicht, dass er sich seinerseits auf den Standpunkt eines starren Status Quo gestellt und seinem Alliirten eine Machterweiterung misgönnt hätte; er meinte im Gegenteil, dass eine Stärkung Preussens auf Kosten Oesterreichs an und für sich als ein grosser Vorteil zu betrachten wäre, aber dass Preussens Wünsche nicht ohne einen ausgedehnten und verwickelten Krieg zu erreichen wären. Der Berliner Hof möge sich erinnern, dass das System, auf dem ihre Allianz beruhe, sich immer als defensives ausgegeben habe, dass die jetzt in Frage gestellten Massnahmen ein offenes Abgehen von den defensiven Prinzipien bedeuteten, um einen neuen Stand der Dinge herbeizuführen, und um, wenn auch nicht Erwerbungen für England selbst zu machen, so doch von anderen zu nehmen, um die relative Macht Englands zu stärken. Auf ein solches Unternehmen könne er sich nicht einlassen, so bereit er andererseits sei die Allianz aufrecht zu erhalten und die eingegangenen Verpflichtungen zu erfüllen, wobei

---

[1]) Bailleu, S. 490.

er sich auch stets auf die Mithilfe der englischen Nation verlassen könne. Jedes Hinausgehen über diese Linie würde aber den Gefühlen fast aller Engländer so zuwider sein, dass wenn selbst die Minister des Königs geneigt wären es zu empfehlen, es unmöglich sein würde mit irgend welcher Kraft und Ausdauer vorwärtszugehen.[1]) Kam Pitt hiernach auf den Status Quo zu sprechen, so geschah es nicht, um Preussen auf demselben festzuhalten, sondern nur um den Punkt anzugeben, wo Englands Beistand einsetzen würde: Käme Preussen — hiess es in Ewarts Instructionen[2]) — bei etwaigen Bemühungen den Frieden auf Basis des Status Quo abzuschliessen in kriegerische Verwicklungen, so würde es in diesem Falle auf Englands Einschreiten rechnen dürfen.

Die preussischen Minister mussten sich mit diesen Erklärungen zufrieden geben; zu erregten Auseinandersetzungen kam es nur über die Behandlung der belgischen Frage,[3]) aber im übrigen konnte von einem Auseinanderstreben der Allianzmächte keineswegs gesprochen werden: England liess Preussen seinen Weg gehen, und Preussen war sich bewusst Englands Hilfe nur unter gewissen Umständen erwarten zu dürfen. Aber allerdings war ebensowenig von einem Zusammengehen der Alliirten die Rede und von dem Wirken eines auf die Abmachungen der Tripelallianz sich

---

[1]) Denkschrift Pitt's, ganz von seiner Hand geschrieben, datirt 27. August 1789. Leeds Papers Br. Mus. 28 068.
[2]) Lecky V, 240, 241. 250.
[3]) Es handelte sich hier um die Differenz, dass Preussen für die Unabhängigkeit Belgiens eintrat, während England dagegen war. Auf diese sehr wichtigen Verhandlungen wird in anderem Zusammenhange eingegangen werden.

stützenden Systems. Man darf vielmehr sagen, dass die englische Politik in ein Zwischenstadium eingetreten war, in welchem das alte System nicht mehr bestand und das neue noch keine festen Umrisse gewonnen hatte. Hatte sich die Tripelallianz dennoch bereits ein ungemeines Ansehen in der europäischen Staatengemeinschaft erworben, so beruhte dies weniger auf den praktischen Erfolgen, die sie seit der Zeit ihres Abschlusses erzielt hatte, als auf dem moralischen Eindrucke, den sie hervorrief: das einmalige Eingreifen der Allianzmächte gelegentlich des schwedisch-dänischen Zwischenfalls hatte allerdings dazu beigetragen diesen zu verstärken.

Da ist es nun der Tod Kaiser Josef's gewesen, welcher damit, dass er in der österreichischen Politik bekanntlich einen vollkommenen Wechsel hervorrief, die politische Lage überhaupt von Grund aus änderte.

Auf die überaus wichtigen Besprechungen, welche jetzt zwischen Wien und Berlin eingeleitet worden sind, darf hier nicht eingegangen werden, und auch die Haltung Englands inmitten der Reichenbacher Verhandlungen können wir nur wieder skizziren.[1] Es werden diese knappen Umrisse aber genügen, um die Richtung der englischen Politik, auf die es uns doch ankommt, im Auge zu behalten und um den Weg anzugeben, auf dem wir nunmehr zu dem Kernpunkt unseres Themas: der Verknüpfung des politischen Systems Pitt's mit der polnischen Frage gelangen.

Entscheidend für den ganzen folgenden Verlauf

---

[1] Eine Darstellung der Reichenbacher Verhandlungen vom englischen Standpunkte aus giebt es nicht. Lecky, der hier überhaupt nur in Betracht kommt, bringt nur Auszüge aus den wichtigsten einschlägigen Akten.

ist es geworden, dass der neue österreichische Herrscher, Kaiser Leopold, bevor er sich von dem Gesandten einer anderen Macht sprechen liess, in Florenz den Vertreter Englands Lord Hervey zu sich befahl, um durch ihn den englischen Hof wissen zu lassen, dass es in seiner Absicht läge mit den Traditionen seines Vorgängers auf das Entschiedenste zu brechen. Sein erster und sehnlichster Wunsch wäre den Frieden wiederherzustellen. Hierzu sehe er kein wirksameres Mittel als die Mediation Englands, nicht nur in Bezug auf die orientalischen Angelegenheiten, sondern auch um eine weitere Ausdehnung des Krieges, insbesondere einen Bruch mit Preussen zu vermeiden. Zur Erreichung dieses Zweckes wäre er bereit jedes Opfer zu bringen, das ihn und seine Stellung nur nicht entwürdige.[1]) Das englische Ministerium antwortete darauf umgehend: Es entnehme diesen Versicherungen, dass Leopold bereit sein würde auf Grund des Status Quo abzuschliessen und wenn gleich es sich erst über die Frage der Mediation mit seinen Alliirten bereden müsste, so erkläre es doch ohne Weiteres seine Geneigtheit eine Vermittlung auf dieser Basis zu übernehmen.[2]) Dementsprechend ergingen von London aus Weisungen nach Berlin: Der Berliner Hof wurde von der veränderten Stimmung des neuen Herrschers unterrichtet, es wurde ihm auseinandergesetzt, wie gut die Aussichten seien, auf Grund des früheren Besitzstandes in kurzer Zeit zum Frieden zu gelangen und hinzugefügt, in welcher Weise England das Seinige

---

[1]) Hervey an Carmarthen, Florenz 28. Februar 1790. Leeds Papers Br. Mus. 28 065.
[2]) Carmarthen an Keith 16. März 1790. Rec. off Austria Vol. 19.

thun wolle den Frieden zu Stande zu bringen. Andererseits erklärten die englischen Minister aber entschiedener als je zuvor, dass ein Offensiv-Krieg Preussens die Unterstützung Englands nicht finden würde.¹) Bestanden nun in Berlin, wie wir schon einmal erwähnten, zwei Strömungen, von denen die eine auf den Krieg zielte und bald das Uebergewicht erlangt hätte, die andere, unter Graf Hertzberg's Führung, den Frieden zu erhalten bestrebt war, so wird die erste Wirkung der englischen Politik in der Reichenbacher Periode darin zu sehen sein, dass die friedlichen Bestrebungen Hertzberg's durchdrangen und preussischerseits in Unterhandlungen eingetreten wurde. Hertzberg's Position war also von England aus verstärkt worden, aber es ergab sich, dass sich sein Standpunkt mit dem englischen doch nur soweit deckte, als man beiderseits den Krieg zu vermeiden wünschte. Hertzberg trat nämlich, weil eine Modifikation des Status Quo zugestanden war, von neuem mit seinem, weit über die englischen Intentionen hinausgehenden, Tauschplane hervor, den er mit Rücksicht auf die englischen Wünsche allerdings eingeschränkt und preussischerseits auf die Forderung der Städte Danzig und Thorn verkürzt hatte; auf dieser Forderung bestand er aber um so fester, und

---

¹) Leeds an Ewart 19/30. März 1790 bei Lecky V, 255, 256. Ueber die preussisch-englischen Beziehungen in dieser Periode, besonders in Bezug auf die orientalischen Angelegenheiten liegt eine Schrift von Creux vor: „Pitt et Frédéric Guillaume II. L'Angleterre et la Prusse devant la question d'Orient en 1790 et 1791", Paris 1886. Das Buch beruht aber nur auf dem von Häusser, Herrmann, Sybel u. a. viel besser verarbeiteten Material und trägt also auch zur englischen Geschichte der Zeit nichts neues bei.

reizte damit die kriegerische Stimmung seines königlichen Herren stets von neuem. Es kam darüber auch zu neuem Hader zwischen Preussen und Oesterreichern, die von der Abtretung ganz Galiziens, welche der Tauschplan wie wir wissen bedingte, nichts hören wollten. Es trat eine solche Verstimmung ein, dass der Ausbruch des Krieges jeden Augenblick erwartet werden konnte. Ein weiteres Eingreifen des englischen Einflusses hat unter diesen Umständen darin bestanden, dass die Engländer, die der Diplomatie immerhin einen grossen Spielraum liessen, den kriegerischen Eifer des Königs stets von neuem mit der Versicherung dämpften für preussische Eroberungen nicht die Waffen ergreifen zu wollen.[1]) Das trug wesentlich dazu bei den Bruch zu verhüten, und da auch der Wiener Hof von englischer Seite zum Nachgeben veranlasst wurde,[2]) so gelangten die Verhandlungen schliesslich in eine Bahn, welche zu einem völligen Einverständnis zu führen schien. Es war damals die Zeit, wo Spielmann und Hertzberg in Reichenbach verhandelten, und ersterer für den Besitz türkischer Landstriche sich zur Zession des gewünschten galizischen Gebiets bereit erklärte. Aber es ergab sich eine neue Schwierigkeit daraus, dass die Völkerschaften, über deren Land in dieser Weise verfügt wurde, nicht die geringste Bereitschaft zeigten die preussisch-österreichischen Abmachungen anzunehmen.

Hierauf nun ergingen abermals Weisungen aus London,[3]) welche von der Beobachtung ausgehend,

---

[1]) Leeds an Ewart 21. Mai 1790 bei Lecky V, 262.
[2]) Leeds an Keith 23. Mai 1790. Rec. off Austria Vol. 20.
[3]) Für das Folgende, vorzüglich die Mitteilungen von Leeds an Ewart, 20. Juli 1790. Rec. off Prussia. Vol. 144;

dass die ganze Schwierigkeit sich eigentlich um den einen Punkt drehe, in welcher Weise die polnischen Städte für Preussen zu erlangen wären, eine Lösung boten, die zugleich die Tendenzen enthüllte, welche der englischen Friedensmediation überhaupt zu Grunde lagen. Man hat bisher angenommen, dass dieselben sich eigentlich nur auf die Erhaltung der Türkei und eine möglichst genaue Bewahrung des vorhandenen Besitzstandes im Ganzen gerichtet hätten. Thatsächlich blickten die Augen Pitt's aber weiter. Er suchte jetzt einen Ausweg für den Tauschplan Hertzberg's nicht nur von diesen Gesichtspunkten aus, sondern weil er in die Zukunft sehend überdies besorgte, dass Hertzberg's Politik allenthalben Unzufriedenheit erwecken und die Gegnerschaft der Tripelallianz stärken würde. Anstatt dessen war sein Wunsch den Reichenbacher Vertrag in dem Sinne abzuschliessen, dass in eben den Mächten, welche Hertzberg's Plan, wie er meinte entfremdete, der Allianz neue Freunde zugeführt und ein grosses Osten und Norden[1]) umfassendes Allianzsystem vorbereitet würde, dem gegenüber keine Macht Europas den Frieden so leicht wieder zu stören vermöchte: ein System ohne sonstige Tendenz, auf die Durchführung des Status Quo, aber im übrigen rein auf die Defensive gerichtet, an Gedanken Hertzberg's anklingend, aber von Pitt unter diesen Verhältnissen

---

der Gedanken, dass Danzig und Thorn als Teil eines mit Polen einzugehenden Handelsvertrags an Polen zediert werden könnten, ist zum ersten Male in einem Schreiben von Leeds vom 25. Juni 1790 angeregt (ebendas.).

[1]) Denn auch Schweden und Dänemark sollten zum Beitritt aufgefordert werden.

doch selbständig entworfen und als Ausbau der Reichenbacher Abmachungen von ihm zuerst ins Auge gefasst.

Den Angelpunkt dieses Systems aber — und hiermit kommen wir auf die Angelegenheit von Danzig und Thorn — bildete die polnische Frage. Die Erklärung hierfür liegt auf kommerziellem Gebiete und ist aus dem Wechsel der englisch-russischen Beziehungen heraus zu entwickeln. Hatten diese nämlich, wie unsere Darstellung ergab, schon im Vorjahre (1789) einen von den früheren Freundschaftsversicherungen sehr abweichenden Ton angenommen, so musste das Verhältnis sich jetzt noch verschärfen, — es konnte sogar zu einem kriegerischen Zusammenstosse kommen —, wenn die Zarin, wie es den Anschein hatte, den von Oesterreich verlangten Beitritt zum Status Quo unter den von den Alliierten gestellten Bedingungen ihrerseits verweigerte. Hierunter mussten aber die englisch-russischen Handelsbeziehungen in jeder Weise leiden, auf deren Umfang doch die Popularität Russlands in England beruhte, und so hing geradezu die Möglichkeit, das System durchzuführen, davon ab, ob für den eventuellen Ausfall des russischen Handels ein Ersatz gefunden werden könnte. Und diesen hatte Pitt auf Grund eingehender Nachforschungen in Warschau, in dem polnischen Handel ausfindig gemacht.[1]) War dieser aber bis dahin vorzüglich durch den ungeheuren Durchgangszoll durch

---

[1]) Specification of the value of Goods imported every year from abroad into the Province of Lithuania, which almost entirely might be supplied by Great-Britain:

Preussen¹) erschwert worden, dem ein mit Polen allein abgeschlossener Handelsvertrag auch nicht abhelfen konnte, so war Pitt's Plan, dass England, Preussen und Polen auf folgender Grundlage in eine engere Verbindung treten sollten: Als Teil eines preussischerseits für die Polen besonders günstig zu gestaltenden Handelsvertrags hätten diese Thorn und Danzig an Preussen zu cediren, so dass den Polen an Geld vergolten würde, was sie an Landbesitz verlören; Polen wie Preussen würden dann Abmachungen zu treffen haben, welche den englisch-polnischen Handel erleichtern und fördern mussten, vorzüglich durch Gewährung freier Einfuhr für die englischen Manufakturen und freier Ausfuhr der aus Polen zu beziehenden Artikel. — Es war damit also, im Unterschiede von Hertzbergs Tauschplan, erreicht, dass man auf die preussische Forderung eingehen und doch den Status quo empfehlen konnte, dass die Türkei anstatt

Iron (wrought) .. for the value of .	217 000 Fl.
Lead	51 000 „
Salt	3 861 000 „
Tobacco and Snuff	17 000 „
Broad-Cloath	419 000 „
Cotton-Stuffs	595 000 „
Hardware, trinkets and sundry articles for shops	531 000 „
Silk Goods	840 000 „
Fashionable Goods	886 000 „
English Beer	17 000 „
Summa	7 444 000 Fl.

Rec. off Poland Vol. 128.

¹) Vgl. hierüber auch die Aktenstücke bei Damus, Die Stadt Danzig gegenüber der Politik Friedrichs des Grossen und Friedrich Wilhelms II. in „Zeitschrift des Westpreussischen Geschichtsvereins", Heft 20. S. 200 ff. Danzig 1887.

zu Abtretungen gezwungen zu werden, den Alliirten verpflichtet wurde, und dass Polen eine Entschädigung erhielt, die es überdies in neue und enge Beziehungen zu der Tripelallianz bringen musste.

Das war der oben erwähnte Vorschlag, der nach Berlin abging, und den Leeds nicht nur in kommerzieller, sondern auch in politischer Hinsicht als hochbedeutend für die Allianz bezeichnete: er würde Polen der Abhängigkeit von Russland entziehen, es zu einem nützlichen Mitgliede der Allianz machen, auch die preussisch-englischen Beziehungen sichern, und im ganzen eine Verminderung des russischen Einflusses in Europa bewirken.[1]) Kommt diese Kombination zu Stande — heisst es in einer Instruction Ewarts[2]) — so werden wir ein sehr direktes und sachliches Interesse haben, die Unabhängigkeit des Landes zu unterstützen und vor Russland zu hüten; und die dem englischen Handel gewährten Erleichterungen würden auch dazu beitragen, dem englischen Publikum die Freundschaft Russlands weniger wichtig und der Aufmerksamkeit wert erscheinen zu lassen.

Der Schlussakt der Reichenbacher Verhandlung ist in der Annahme dieser englischen Vorschläge von preussischer Seite zu sehen. Ewart verstand es, dem preussischen Monarchen persönlich die Vorteile des englischen Systems plausibel zu machen, indem er besonders auf das Ansehen und die Sicherheit, welche es Preussen schaffen würde, hinwies, und es ist wohl keine Uebertreibung des Gesandten, wenn er meinte, dass Friedrich Wilhelm II. sich durch seine Argu-

---

[1]) Leeds an Ewart, 8. Oktober 1790. Rec. off Prussia. Vol. 145.

[2]) Leeds an Ewart, 20. Juli 1790. Rec. off Prussia. Vol. 144.

mentationen wesentlich bestimmen liess, das Hertzberg'sche Projekt fallen zu lassen.¹) Wie England es vorgeschlagen hatte, wurde dann thatsächlich der Status Quo — und weil der König von Preussen allen Weiterungen ein Ende zu machen wünschte — sogar in strikter Form als Basis des Friedenswerks proklamirt, was den Gewinn Danzigs und Thorns ja darum, wie gesagt, für Preussen nicht ausschloss, weil dieser nicht als Teil der allgemeinen Friedensverhandlungen, sondern als privates Geschäft mit den Polen verhandelt werden sollte. Friedrich Wilhelm II. meinte, abweichend von den Engländern, nur die Rücksicht beobachten zu müssen, nicht gleich in diese Angelegenheit einzutreten, damit die Oesterreicher nicht doch Anstoss nehmen und mit dem Verlangen eines Equivalents hervortreten könnten.²)

So bilden diese Abmachungen also, in dem grossen Zusammenhange der englischen Politik betrachtet, nicht, wie man es gewöhnlich hinstellt, einen Abschluss, sondern nur die Weiterentwicklung eines

---

¹) Ewart an Auckland; Auckland Papers Br. Mus. 33 435; den Einfluss Ewart's auf den König bezeugt auch ein Schreiben des Herzogs von Weimar bei Ranke S.W. XXXI/II, S. 437, Anm. 1; auch Hertzberg schrieb die Sinnesänderung des Königs in einer Unterredung mit den österreichischen Abgesandten hauptsächlich dem englischen Gesandten zu: Vivenot, Quellen zur Geschichte der deutschen Kaiserpolitik Oesterreichs. Wien 1873 I, 502.

²) Ewart's Bericht, 5. August 1790. Rec. off Prussia. Vol. 144. Wie gut die Absichten der Engländer verborgen blieben, ergiebt ein Bericht Spielmann's an Kaunitz, Reichenbach, 16. Juli 1790: „England wendet alles mögliche an, um den Status quo durchzusetzen und die Preussen von der Acquisition von Danzig und Thorn abzubringen". Vivenot, S. 508.

Systems, zu dem der Schlussstein noch fehlte.¹) Mit dem Schicksal dieses Systems waren aber, wie wir jetzt nachgewiesen haben, die polnischen Interessen aufs engste verknüpft, und so ergiebt es sich, wieso von nun an von dem Gelingen desselben zugleich die Zukunft der polnischen Frage durchaus abhängen musste.

§ 3.

Bezeichneten wir die polnische Frage als den Angelpunkt der Pitt'schen Politik, so ist es von Interesse, die weitere Thätigkeit der englischen Minister zunächst in Polen zu verfolgen.

Von dem englischen Gesandten in Warschau hatten wir vernommen, das er das im Herbst 1788 nach London ergangene Allianzanerbieten Polens nicht nur nicht gefördert, sondern sogar vor dem Eingehen auf dasselbe gewarnt hatte. Inzwischen aber hatte auch dieser seine Meinung geändert. Nach reiflicher Prüfung der europäischen Lage war er zu der Einsicht gekommen, dass die englische Politik in Polen zwei Interessen zu verfolgen hätte: Einmal die Republik unangreifbar, und dann sie den Engländern nützlich zu machen. Letzteres sollte durch Regelung der

---

¹) Ich meine, dass hiernach auch die preussische Politik anders, und zwar günstiger, wird beurtheilt werden können. Vor allem fällt der Hauptvorwurf, den Max Duncker macht, (Friedrich Wilhelm II. und Graf Hertzberg, Sybels Historische Zeitschrift, XXXVII, 41), dass man sich nicht Russland gegenüber genügend gesichert habe, hinweg. — Und wie wenig berechtigt erscheint die so oft geäusserte Behauptung, dass die Gunst der Lage von jetzt an für Preussen unwiederbringlich dahin gewesen wäre.

Handelsbeziehungen erreicht werden, aber da diese, wie er ausführte, auf der Stabilität der Regierung beruhten, und diese Festigkeit nicht bestehen könnte, bevor Polen vor der Gefahr erneuerter Invasionen und weiterer Teilungen gesichert sei, so empfahl er in dringlicher Weise die Aufnahme dieses Landes in das grosse Allianzsystem.[1]) Auf diesen Vorschlag war er mehr als einmal zurückgekommen, und man wird sagen dürfen, dass seine Berichte, nach dem wie die Entscheidung, die wir kennen, in London ausfiel, auf die Entschlüsse des Ministeriums einen wesentlichen Einfluss ausgeübt haben. Nimmt man aber an, dass die englisch-polnischen Verhandlungen, der Bedeutung entsprechend, die sie für die Existenz Polens hatten, sich in gerader Linie vorwärts bewegt hätten, so wird man enttäuscht.[2]) Die Reichenbacher Abmachungen übten zunächst vielmehr die von Pitt unvorhergesehene Wirkung aus, dass sie das Vertrauen der Polen in die englische Regierung zerstörten, und zu der Klage Anlass gaben, das englische Cabinet habe die Vereinigung Galiziens mit der Republik zu Polens Schaden hintertrieben. Hailes trat dieser Auffassung allerdings nach Möglichkeit entgegen und verfasste eine Denk-

---

[1]) Berichte von Hailes, Mai-Juni 1790. Rec. off Poland. Vol. 130.

[2]) Wie Pitt's Plan nach Warschau übermittelt und dort aufgenommen wurde, ergiebt ein Schreiben des Königs von Polen an seinen Gesandten in London Bukati, Warschau, 11. August 1790 bei Kalinka, Pamietniki z Osmnastego wieku. Tom X, 2. Dokumenta do historyi drugiego i trzeciego podzialu. Posen 1868, S. 154. Eine wertvolle Ergänzung zu den nicht vieles bringenden Korrespondenzen von Stanislaus August würden die Berichte Bukati's aus London bilden. Leider hat Kalinka zu melden, dass dieselben nicht aufzufinden seien.

schrift, in der er ausführte, wie das englische Projekt die Polen in anderer Weise entschädigte; aber dieses Memoire hatte das unglückliche Resultat, die Situation nur noch zu verschlimmern. Der preussische Gesandte Lucchesini, dem es vorgelegt wurde, riet ab, es zu veröffentlichen, weil seine Regierung das Danziger Projekt zunächst vertagt zu sehen wünschte, der russische Vertreter benutzte diese Gelegenheit, um Gerüchte zu verbreiten, dass Verhandlungen im Gange seien, für Preussen auch noch Teile Grosspolens zu schaffen. So geschah es, dass der polnische Reichstag, weder den Preussen noch den Engländern trauend, im geraden Gegensatze zu den englischen Bestrebungen ein Gesetz dekretirte, nach welchem jeder Austausch oder jede Zerstückelung des Landes als Hochverrat bezeichnet wurde.[1])

Diese Angelegeheit fand hiermit einen vorläufigen Abschluss; sie trat aber von dem Augenblicke an in ein anderes Stadium, in welchem die Polen verspürten, dass England sich im Anschluss an die Reichenbacher Abmachungen ernstlich gegen Russland zu rüsten begann.

Es ergab sich nämlich — um auf die Ereignisse der grossen Politik zurückzukommen — jetzt immer deutlicher, dass die Möglichkeit das Pitt'sche System durchzuführen mit der Notwendigkeit zusammenfiel, die russische Macht dem Willen der Allianzmächte zu unterwerfen. Die Zarin hatte die Reichenbacher Tage vorübergehen lassen, ohne dem Status-Quo beizutreten und blieb auf diesem Standpunkte bestehen.

---

[1]) Berichte von Hailes, August-September 1790. Rec. off Poland. Vol. 130.

Sie hatte ihre Forderungen allerdings auf das Verlangen von Oczakow und dem benachbarten Distrikt eingeschränkt, aber daran hielt sie um so fester und erklärte gerade heraus nichts weiter ablassen zu wollen. Nicht nun, dass Pitt nicht noch vieles versucht hätte Catharina zu Concessionen zu bewegen, um den Krieg zu vermeiden, aber er liess bald erkennen, dass, falls sie sich nicht fügen sollte er im Prinzip nicht umhin können würde sie zum Nachgeben zu zwingen. Und darin liegt die eigentliche von der Geschichtsschreibung nicht vermerkte Bedeutung der hier einsetzenden Unterhandlungen über die Zession dieser Stadt. Oczakow war ein befestigter Hafenplatz an der Dnejstr.-Mündung und gewiss an und für sich nach übereinstimmenden Aussagen preussischer und englischer Autoritäten ein Ort von hervorragender militärischer, politischer und kommerzieller Bedeutung. Man hörte ihn geradezu als den Schlüssel Constantinopel's bezeichnen. Gebt ihr den Russen den Schlüssel, hiess es also in London, so werden sie, auch wenn ihr das Thor nachher schliesst, im Stande sein, es zu öffnen.[1] Aber wie würde es sich erklären lassen, dass Pitt, der doch immer die Wahrung des Friedens im Auge hatte, eines für ihn gleichwohl im Verhältnis geringen Gegenstandes wegen zum Kriege hätte schreiten wollen, wenn es sich nicht über diese eine Stadt hinaus um ein ganzes System gehandelt hätte, durch welches man den Frieden eben für die Zukunft zu sichern meinte und dessentwegen von einem einmal festgesetzten Prinzip

---

[1] Burges an Auckland, Auckland Papers. Br. Mus. 33 436. Pitt bezeichnete Oczakow als den Schlüssel Constantinopels. Bericht von Woronzow bei Martens. S. 347.

nicht abgegangen werden durfte. Denn wohin würde es kommen, argumentirten die Anhänger der Pittschen Politik, wenn man der Zarin ihren Willen liesse: sie würde allenthalben, teils durch Bestechung, teils durch Einschüchterung ihren Einfluss wiedergewinnen, sowohl in Polen, wie in der Ostsee, wie in Constantinopel, während das Ansehen der Alliirten in entsprechendem Masse sinken würde. Sie würde auch neue Allianzen eingehen, insbesondere mit Oesterreich, und warum sollte dann nicht der Kaiser mit neuen Forderungen hervortreten?[1]) Und Ewart, der Gesandte in Berlin, betonte ganz besonders, welch bedenkliche Wirkung ein Zurückziehen von englischer Seite auf den preussischen Hof ausüben würde. Der preussische König, der sich bis dahin durch ein festes Vertrauen auf England hätte leiten lassen, würde dies Vertrauen, aber auch das in sich selbst, völlig verlieren, er würde schüchtern und unbeständig werden und bereit sein, auf jedes Projekt, das Landerwerb verspreche, einzugehen.[2]) Bestände doch bereits eine Partei in Berlin, welche ein Uebereinkommen mit Russland auf Kosten der Türkei und Polens dem Zusammengehen mit England vorzöge.[3]) Gäbe man also nach, so meinte er, dass es zum Zerfall der preussischen Allianz kommen würde, und so schloss er mit der Warnung: das ganze System stehe auf dem Spiel.[4])

---

[1]) Ewart an Auckland, 12. Februar 1791. Auckland Papers Br. Mus. 33 435.
[2]) ebendaselbst.
[3]) Ewart an Leeds, 18. December 1790. Leeds Papers. Br. Mus. 28 065.
[4]) Ewart an Auckland, 12. Februar 1791. Auckland Papers. Br. Mus. 33 435.

Hatte es dessen ungeachtet nach Abschluss der Reichenbacher Verhandlungen, anfangs den Anschein, als liesse das englische Cabinet sich nur eigentlich vorwärts drängen, wie in Berlin thatsächlich schon der Verdacht geschöpft wurde, dass auf englischen Beistand im Falle eines russischen Krieges nicht zu rechnen wäre,[1]) so war Pitt's Zögern einmal daraus zu erklären, dass er, bevor es zum offenen Bruche kam, noch erst sein Allianzsystem, so weit es anging, in dem bereits genannten Sinne zu jener grossen Coalition auszubauen hoffte. Und dazu liess ein aus den inneren englischen Verhältnissen heraus zu entnehmendes Motiv eine Verzögerung wünschenswert erscheinen: Pitt besorgte den Lärm, den die parlamentarische Opposition anstimmen würde, und um diesen zu vermeiden, wollte er jede Entscheidung bis das Parlament in die Osterferien ging, aufschieben. Es waren das die Ueberlegungen, welche einen in den ersten Januartagen 1791 in Whitehall zusammengetretenen Cabinetsrat beschäftigten. Ewart, der auf Urlaub in England weilte, war zu den Beratungen hinzugezogen worden; man beauftragte ihn, dem König von Preussen in tiefstem Vertrauen über diese Verhältnisse zu orientieren, und dem Monarchen dazu in Pitt's Namen als Trost zu sagen, dass der Premier kein Gegenbündnis anderer Mächte voraussähe, welches eine Ueberwältigung Russlands im Frühjahr unmöglich machen könnte.[2])

Von hier an ging die englische Diplomatie mit vollster Regsamkeit an die Arbeit, um den Krieg vor-

---

[1]) Ewarts Berichte aus Berlin. Rec. off Prussia.
[2]) Ewart an Auckland, London, 5. Januar 1791. Auckland Papers. Br. Mus. 33 435.

zubereiten.¹) Die Missionen in Kopenhagen und in Stockholm wurden beauftragt, wenn nicht die Allianz, dann doch die Neutralität dieser Höfe zu verschaffen, wobei betont wurde, dass man auf die Aufnahme Dänemarks in das englische System einen besonderen Wert legen würde. In gleichem Sinne wurde mit der österreichischen Regierung in Unterhandlung getreten, deren Haltung unzuverlässig erschien, und der im November mit einer Spezialmission nach Wien abgegangene junge Lord Elgin erhielt die Ordre den Kaiser für eine nachdrückliche Verwendung bei der Kaiserin behufs Herstellung des Friedens zwischen Russland und der Pforte auf Grund des Status-Quo zu gewinnen und zu erklären, dass der König und seine Alliirten ihre Bemühungen im Interesse des Friedens fortsetzen würden; dass man aber gleichzeitig für notwendig erachte, sich auf den Fall vorzubereiten, dass die gemachten Vorstellungen erfolglos bleiben sollten.²) Man setzte sich sogar mit dem spanischen Hofe in Verbindung, der nachdem der Zwischenfall von Nootkasund erledigt und der Familientraktat gelöst war, eine Schwenkung begonnen hatte und sich den Intentionen der Tripelallianz in der russischen Frage zu nähern schien. In diesem Zusammenhange sind jetzt auch die Verhandlungen mit Polen weitergeführt worden, die doch, wie wir wissen, vor anderem zum Abschluss gebracht werden mussten. Eine, nachdem, was vorgegangen war, er-

---

¹) Die folgenden Angaben nach dem Schreiben von Leeds an Ewart, 8. Januar 1791, in welchem er das Programm des englischen Ministeriums entwickelt. Rec. off Prussia Vol. 146.
²) Leeds an Elgin, 8. Januar 1791. Rec. off Austria. Vol. 23.

wünschte Anknüpfung bot hier die Ankunft des polnischen Gesandten im Haag, Grafen Oginski, in der englischen Hauptstadt, weil sie auch dem Wunsche der Polen Ausdruck gab, den abgebrochenen Faden wiederum aufzunehmen. Pitt conferirte persönlich mit dem Grafen und setzte ihm seine Anschauungsweise, die er zugleich die seiner Regierung nannte, in längerem auch uns vortrefflich orientirenden Vortrage auseinander.[1]) Er führte aus, wie gering das Opfer, das die Polen zu bringen hätten, im Vergleiche zu den Vorteilen wäre, die man ihnen böte und dass sie darum die ihnen dargebotene Hand nicht zurückweisen sollten. Indem man ihnen Danzig und Thorn nähme, gäbe man ihnen doch andererseits das Mittel sich dem schmachvollen Joche Russlands zu entziehen. Was der König von Preussen verlange, könne nicht einmal als ein Opfer bezeichnet werden, indem er seinerseits auf die bedeutenden Zolleinnahmen verzichte. Wäre es möglich, dass sie es für nichts erachten sollten, um solchen Preis den Handelstraktat mit England und Holland zu gewinnen? „Sie sagen, fuhr er fort, dass mit dem Verluste Danzigs sie sich allen Zollplackereien werden unterwerfen und alle Zölle zahlen müssen, die man ihnen abfordern wird; aber Sie dürfen nicht vergessen, dass Sie gegenwärtig viel mehr zahlen, als Sie nach dem neuen Handelstractat, den man Ihnen anbietet, werden zahlen müssen. Was die Chikanen betrifft, so könnten Ihre Befürchtungen einigen Grund haben, wenn Sie es nicht mit einem Bundesgenossen und Freunde zu thun und wenn Sie nicht die Garantie Englands und Hollands

---

[1]) Mémoires de Michel Oginski „Sur la Pologne et les Polonais". Paris 1826. I, 94—100.

hätten. Sie wissen es besser als ich, welche Handelsbeziehungen zwischen England und Holland mit Polen einst statthatten. Sie hatten einen kleinen Seehafen an der Ostsee in der Nähe eines Flusses namens Swienta, wenn ich mich nicht irre; dieser Hafen ist versandet und Sie werden ihn nicht zu sehr entbehren. Aber Sie haben viele Städte im innern des Landes, wo englische und holländische Kaufleute mächtige Etablissements hatten und wo Sie Ihr Korn aufstapelten, das man Ihnen an Ort und Stelle abkaufte, Ihnen die Mühe ersparend es zu den baltischen Hafenplätzen zu schaffen. Ich habe heute morgen mir die Lage von Kowno und Merecz auf der Karte angesehen. Das erstere am Zusammenfluss zweier schiffbarer Flüsse gelegen [1]), war, wie man sagt, ungemein bevölkert und trieb grossen Handel; ausserhalb der Stadt sollen sich die Spuren einiger Hundert Häuser erhalten haben, die wie es heisst von englischen und holländischen Kaufleuten bewohnt waren. Was früher war, kann wiederhergestellt werden, und wenn es zum Handelstraktat mit Polen kommen sollte, glauben Sie, dass wir nicht im Stande sein werden Sie von allen Zollplackereien der Danziger Zollbeamten zu befreien, indem wir ins Land hineinfahren, um Ihre Produkte aus erster Hand zu nehmen?" Ihr Handel, schloss Pitt —, nachdem er noch bemerkt hatte, was geschehen könnte, um die Ausfuhr des Landes zu erhöhen —, ist für uns immer von grösstem Interesse gewesen. Ihr Getreide, ihr Leinen, ihr Hanf, ihr Bauholz, ihr Leder und so viele andere Produkte, die wir gebrauchen, können mit den gleichen aus Russland bezogenen Waaren wohl rivalisiren, und Ihr Leinen

---

[1]) Des Njemen und der Wilija.

übertrifft sogar das, was wir aus anderen Ländern beziehen. Aber der Verkehr mit Polen ist uns auch darum um so vorteilhafter, weil Sie, da Sie weder Fabriken noch Manufakturen haben, viel ausländische Waaren und Luxusartikel gebrauchen, und das, was Sie von uns beziehen, uns mit Zinsen zurückgeben. So seien Sie denn überzeugt, dass wir einen warmen Antheil am Schicksale Polens und seines Handels nehmen, und nie zugeben werden, dass der Handelsvertrag, um den es sich handelt, Ihrem Lande nicht alle Vorteile garantirt, auf die es einen Anspruch hat."

Im Anschluss an Oginskis Mission wurde dann Hailes instruirt, der polnischen Regierung zu versichern, wie angenehm es dem englischen Ministerium wäre über eine politische und kommerzielle Verbindung mit Polen in Unterhandlung zu treten,[1]) und an die preussische Regierung die Bitte gerichtet, ihrerseits keine Hindernisse in den Weg zu legen.[2]) Hailes setzte seine Thätigkeit daraufhin wieder in vollem Umfange fort und gewann die polnische Majestät so ganz für sich, dass diese ihre Bereitwilligkeit erklärte ihren Einfluss in- und ausserhalb des Reichstages zu verwenden, um das wichtige Geschäft zum Abschluss zu bringen.[3])

[1]) Leeds an Hailes, 8. Januar 1791. Rec. off Poland. Vol. 131.
[2]) Leeds an Ewart, 8. Januar 1791. Rec. off Prussia. Vol. 146.
[3]) Bericht von Hailes, 5. Februar 1791. Rec. off Poland. Vol. 131. Die Schreiben des Königs von Polen an Bukati, Kalinka, S. 173 ff. ergänzen den Bericht von Hailes dahin, dass der König einem Einvernehmen mit England allerdings sehr geneigt war, aber die Hoffnung hegte es, ohne die Zession Danzigs zu erreichen. Er agitierte in Warschau in keiner Weise gegen die Zession, aber beauftragte den Gesandten doch noch alles zu versuchen, um die englische Regierung von diesem Verlangen abzubringen.

Diese Verhandlungen führten nun im grossen und ganzen zu einem glücklichen Resultat. In Madrid und Stockholm wurde Neutralität zugesichert, wozu schwedischerseits die Aussicht auf direkten Anschluss offen blieb. In Kopenhagen wurde das Allianzanerbieten allerdings nicht angenommen, aber es wurde versprochen, dem englischen Geschwader freien Durchzug durch den Sund zu gewähren und das Einlaufen englischer Schiffe in dänische Häfen zum Zwecke von Reparaturen u. s. w. zu gestatten. In Wien hatte Elgin trotz des Grolles, der dort in gewissen Kreisen, insbesondere in der Umgebung des Fürsten Kaunitz gegen England empfunden wurde geneigtestes Gehör gefunden und ausdrücklichste Versicherungen der Friedensliebe des Kaisers erhalten. „Wäre ich ein Hexenmeister und könnte ich Pillen fabriziren, die Frieden schaffen würden", sagte er einmal zu Elgin, „so würde ich sie sogleich eingeben".[1]) Er wollte auch, was in seinen Kräften stände aufbieten, um den russischen Hof in der den Alliirten erwünschten Weise zum Frieden zu bewegen, indem es lächerlich sei für einen anderen eine Sache zu vertreten, die er für sich selbst aufgegeben habe. Nur zu einem wollte er sich nicht verstehen: Er würde seine Verpflichtungen, die er in Reichenbach für den Fall eines russischen Krieges eingegangen sei, strikt halten, aber er könnte seine Neutralität nicht für die ganze Dauer des Krieges verbürgen; denn der Krieg könnte sich auf andere Gebiete ausdehnen und der Casus foederis dann von russischer Seite mit Recht aufgestellt werden.[2]) Ueber-

---

[1]) Elgin's Bericht, Wien, 24. Januar 1791. Rec. off. Austria vol. 23, hierzu die Auszüge aus Elgin's Berichten bei Herrmann VI, 396—398.

[2]) Elgin's Bericht, Wien, 26. Febr. 1791. Rec. off. Austria vol. 23.

haupt wollte er in Hinblick auf Preussen von einer eigentlichen Lostrennung von Russland nichts wissen, und das englische Cabinet bestand darauf auch nicht. Es ging sogar soweit auf den österreichischen Gedankenkreis ein, zu erklären, dass, wenn erst der Frieden mit der Pforte hergestellt wäre, kein Hindernis vorhanden wäre, so wie der Kaiser es wünschte, Russland in ein strikt defensives, auf die Erhaltung des Gleichgewichts zwischen den europäischen Mächten gerichtetes Bündnis aufzunehmen.[1]

Und endlich wurde in Warschau folgendes erreicht: Die Polen erklärten sich im März 1791, wenn auch mit äusserstem Widerstreben prinzipiell bereit über die Danziger Angelegenheit in weitere Verhandlung zu treten, — die Forderung Thorn's war inzwischen preussischerseits zurückgezogen worden — unter der Bedingung, dass Preussen seine Gegenleistungen noch erst schärfer formulirte.[2] Ueber die Stimmung in Bezug auf den Krieg verlautete, dass die Polen denselben wünschten und dem Verlangen

---

[1] „If that end should be obtained, there does not appear any necessary obstacle to the contracting of engagements with Russia, which shall be strictly of defensive nature and directed to the future preservation of the established and subsisting balance between the different powers of Europe." Leeds an Elgin, 7. Februar 1791. Rec. off. Austria vol. 23.

[2] Berichte von Hailes, zweite Hälfte März 1791. Rec. off Poland vol. 131; hierzu das Schreiben von Stanislaus an Bukati 2. April 1791 bei Kalinka S. 178. in welchem der König ausdrücklich schreibt, dass der Reichstag der Deputation befohlen habe, die Verhandlungen fortzusetzen. Der Danziger Resident in Warschau, vgl. Damus S. 153, ist also im Unrecht, wenn er berichtet, dass der Antrag auf eine Cession der beiden Städte sowohl in der Deputation wie im Reichstage eine entschiedene

Ausdruck gäben, einen direkten Anteil an demselben zu nehmen.¹)

So blieb also um den Schlussstein zu legen, nur noch übrig jetzt die gebührende Sprache in St. Petersburg zu führen, und falls die Zarin noch nicht nachgab sie von der Absicht der Alliirten zu unterrichten, in diesem Falle zu den Waffen greifen zu wollen. Dieser Beschluss wurde den Massregeln entsprechend, die schon seit längerer Zeit zwischen Berlin und Petersburg beraten worden waren gefasst, und der Entwurf zu einer von den Mächten gemeinsam einzureichenden Drohnote von Pitt mit eigener Hand aufgesetzt. Sie führte aus, dass, da die ernstesten Wünsche der Alliirten den Frieden auf Basis des Status Quo herzustellen bis dahin vereitelt wären, und die Zeit wo der Feldzug eröffnet würde, herannahe, sie nicht länger zögern könnten, in der ausdrücklichsten und unzweideutigsten Weise zu erklären, dass jede weitere Zurückweisung dieses Prinzips unvermeidlich zur Fortsetzung und Ausdehnung des Krieges führen müsste. Die beiden Höfe wären der Meinung, dass eine Gebietserweiterung Russlands von türkischer Seite in keiner Weise als für die Sicherheit der Russischen Besitzungen nothwendig erachtet werden könnte, dass aber andererseits die künftige Sicherheit der Türkei wesentlich gemindert werden würde und hieraus die schädlichsten Folgen für die Sicherheit Europas überhaupt entstehen

---

Ablehnung erfahren habe. Die Aussichten, dass die Cession zugegeben werden würde, blieben allerdings geringer als Hailes sie schilderte; dass sie aber unter dem Drucke der Allianzmächte, nach Ausbruch des Krieges, schliesslich doch zu Stande gekommen wäre, ist durchaus wahrscheinlich.

¹) Herrmann VI, 343. Anm. 425.

würden. Aus diesen Gründen, und auch ängstlich besorgt nichts unversucht zu lassen, um den Krieg zu vermeiden, richteten sie an den Petersburger Hof das dringende Gesuch, dem Grundsatze beizutreten, der unter den augenblicklichen Verhältnissen allein eine Aussicht böte, die Ruhe Europas dauernd wiederherzustellen.[1]
Mit dieser Note erging eine die polnische Angelegenheit betreffende Deklaration nach Berlin, welche daselbst zu unterzeichnen war: sie enthielt die Präliminarien eines zwischen Polen, Preussen und England zu schliessenden Handelsvertrags und unterwarf Preussen der Verpflichtung sobald Danzig zedirt sei, den polnischen Durchgangszoll von 12 auf 2 % herabzusetzen.[2] Zugleich wurde die preussische Regierung nochmals darauf aufmerksam gemacht, von welcher Wichtigkeit es wäre Polens Beitritt zur Allianz zu erlangen und wie darum mit allen Kräften darauf hingearbeitet werden müsste.[3] Ueber den Zweck des Krieges äusserte sich Pitt, dass an Eroberungen nicht gedacht werden dürfe, und dass, wenn Ereignisse eintreten sollten, die es den Alliirten geeignet erscheinen liessen über den Status Quo hinauszugehen, sie auch in diesem Falle nicht auf Erwerbungen für sich zu sehen hätten, sondern nur darauf, der Pforte am schwarzen Meere eine noch grössere Sicherheit zu schaffen.[4]

---

[1] Beiliegend den Instruktionen an Whitworth, 27. März 1791 ganz eigenhändig. Rec. off. Russia vol. 142.
[2] Rec. off. Prussia vol. 146 No. 3.
[3] Instruktion an Whitworth 27. März 1791 No. 4. Rec; off. Russia vol. 142.
[4] Instruktion an Whitworth, 27. März 1791, No. 5. Rec. off. Russia Vol. 142.

Alle diese Mittheilungen ergingen, der ursprünglichen Absicht Pitt's entgegen, noch vor dem Auseinandergang des Parlaments nach Berlin, wie es scheint, weil der König von Preussen nach einem von Wien eingetroffenen Bescheid, dass der Kaiser neutral bleiben werde, eine kategorische Antwort aus London binnen kürzester Zeit eingefordert hatte.[1]) Ansehnlich waren übrigens die englischen Rüstungen bemessen: 35 Linienschiffe und eine entsprechende Anzahl von Fregatten sollten Ende April in die Ostsee geschickt werden, und dazu wurden 10--12 weitere Linienschiffe in Bereitschaft gesetzt, um den Türken im schwarzen Meere beizustehen.

Da geschah nun das nahezu Unglaubliche, dass in London, unter dem Drucke der von der Opposition in geschicktester Weise angefachten öffentlichen Meinung, in letzter Stunde das ganze Vorhaben aufgegeben wurde, und dass Pitt trotz der Majorität, die er in beiden Häusern für sein kriegerisches Programm fand eine Wendung beschloss, die in der Folge nichts weniger bedeutete, als ein völliges Fallenlassen seines bis hierher mit so vieler Consequenz und so gutem Erfolge durchgeführten Systems. Es sind die Vorfälle, die sich jetzt in London abspielten oft erzählt worden, und seit der Publikation der Denkschriften Carmarthen's sind wir sogar über die Besprechungen, welche an massgebendster Stelle, unter den Mitgliedern des Cabinets selbst stattfanden unterrichtet.[2]) Hier muss

---

[1]) Rescript an den Grafen von Redern, 11. März 1791. Rec. off. Prussia-Copie. (Im Original eigenhändig vom Könige.)
[2]) Political Memoranda ed. Browning, S. 150 ff. Eine eingehende Darstellung dieser Verhältnisse unsererseits soll aber auf einen anderen Zusammenhang aufgeschoben werden, indem

die Andeutung genügen, dass Pitt sich vor die Alternative gestellt fühlte, entweder in dem einen Ressort seiner Verwaltung, dem der Auswärtigen Angelegenheiten, nachzugeben, — denn Pitt zauderte keinen Augenblick sich mit dem Staatssekretär des Auswärtigen zu identifiziren — oder auf seine ganze Ministerschaft zu verzichten und dass in dieser peinlichen Lage die Verpflichtungen, die er seinem Könige und dem Lande gegenüber zu haben meinte ihn veranlassten, das erstere zu thun, „einer schrecklichen Notwendigkeit sich unterwerfend", wie er zu einem Beamten des Auswärtigen Amtes sagte.[1]) So erging nach Berlin zunächst eine Contreordre bis auf weiteres sowohl die Unterzeichnung der Conventionen, wie auch die Absendung des Ultimatums nach St. Petersburg auszusetzen, woraufhin Mr. Fawkener in Spezialmission eintraf, um das preussische Cabinet von den Gründen dieses veränderten Planes in Kenntniss zu setzten und es für eine auf Basis eines modificirten Status Quo zu eröffnende Verhandlung zu gewinnen.[2])

Zunächst schien noch alles gut abzulaufen. Der König von Preussen nahm die Mitteilungen aus London mit grosser Liebenswürdigkeit auf, versicherte, von den guten Absichten des Ministeriums überzeugt zu sein, und versprach was in seinen Kräften stände zu thun, um schlimme Folgen zu vermeiden.[3]) Für

---

ein sicheres Urteil über Pitt's Verhalten nicht aus dem bisher herangezogenen Material, sondern nur aus einer zusammenhängenden Entwickelung seiner parlamentarischen Stellung überhaupt gewonnen werden kann.

[1]) Zu dem Unterstaatssekretär Burges (19. April 1791); Bland-Burges Papers ed. Hutton, S. 443.
[2]) Herrmann VI. 409.
[3]) Ewart's Bericht, 30. April 1791. Rec. off. Prussia, vol. 147.

das System als solches schien auch nichts zu fürchten zu sein, da man die Möglichkeit zu sehen glaubte den Kaiser für dasselbe zu gewinnen. Pitt that in dieser Richtung sofort einen entscheidenden Schritt, indem er Lord Elgin in dringlicher Form beauftragte den Kaiser zum Beitritt zur Tripelallianz zu veranlassen.[1]) Der König von Preussen, welcher über die Mission Elgins seine höchste Befriedigung ausgesprochen hatte,[2]) unterstützte die englischen Bestrebungen durch die Sendung Bischoffwerders, und man hat nur die Instruktion desselben zu lesen,[3]) um zu sehen, dass das bisherige System noch durchaus gewahrt wurde. Aber es erwies sich bald, dass der Boden auf dem man sich vorwärtsbewegte, schwankend geworden war. Auch diese neue Combination beruhte preussischerseits noch immer auf dem Gegensatze gegen Russland, und der König von Preussen ging von der Voraussetzung aus, dass auch die über einen modifizirten Status Quo in Petersburg zu eröffnenden Verhandlungen, notwendig von einer ernstlichen Drohung, und also von englischer Seite, von dem Erscheinen einer Flotte sowohl in der Ostsee wie im schwarzen Meere begleitet sein müssten. Er seinerseits, sagte er zu dem englischen Gesandten, werde in seinen Vorbereitungen, so kostspielig sie auch sein möchten, nicht nachlassen, sondern sich jeden Augenblick zum Losschlagen bereit halten.[4])

---

[1]) Instruktion an Elgin, 19. April 1791, Private and most secret. Rec. off. Austria vol. 23, auszugsweise bei Herrmann, „Zur Geschichte der Wiener Convention vom 25. Juli 1791 etc." in Forschungen zur Deutschen Geschichte V, 242.
[2]) Ewart's Bericht, 30. April 1791. Rec. off. Prussia.
[3]) Herrmann VI, 425—427.
[4]) Ebendaselbst, 409.

Jetzt aber traf eine auf eingehenden Beratungen des Kabinetsrats basierende Depesche in Berlin ein, welche jede Teilnahme an Massregeln wie sie von Preussen gewünscht wurden verweigerte.¹) Es sei Sr. Majestät sicherlich sehr schmerzlich, ein von dem Könige von Preussen in so dringlicher Weise erbetenes Gesuch zu verweigern. Man habe darum wiederholt darüber beraten, und zwar mit grösster Aufmerksamkeit. Aber das Resultat aller Ueberlegungen sei, dass abgesehen von den Schwierigkeiten, welche die Entsendung einer Flotte an und für sich mit sich brächte, diese Massregel nicht übereinstimmend erscheine, mit der allgemeinen Richtschnur, die man angenommen habe und an der man notwendig festhalten müsse, wenigstens bis das Verhalten Russlands ein verändertes Vorgehen in den Augen des Publikums als unbedingt gerechtfertigt erscheinen lasse. Die preussischen Minister bemerkten darauf sehr richtig, dass sie nun auf keinen Fall von England einen wirksamen Beistand gegen Russland zu erwarten hätten und daher ihr König nach all seinen Anstrengungen und Ausgaben genöthigt sein werde, sich einer schlimmen Demüthigung zu unterwerfen.²) Und jetzt war der Augenblick gekommen, welchen Ewart so richtig vorausgesagt hatte, dass Preussen in dem Gefühle keinen Halt an England zu besitzen, sich von England zurückzog, und, wenn gleich die Tripelallianz dem Namen nach bestehen blieb, sich in neue auf ganz anderen Tendenzen beruhende Verhandlungen einliess.

---

¹) Grenville an Ewart, 25. Mai 1791. Rec. off. Prussia vol. 147.

²) Ewart's Bericht, 5. Juni 1791, bei Herrmann „Diplomatische Correspondenzen aus der Revolutionszeit", S. 20.

War damit der Hauptpfeiler des Pitt'schen Systems hinweggenommen, so stürzte das ganze Gebäude zusammen und begrub die Selbständigkeit Polens unter seinen Trümmern.

§ 4.

Unsere Darstellung hat sich also, da von hier an das Zusammenwirken Englands mit Preussen, das so lange Zeit hindurch die Grundlage aller Kombinationen gebildet hatte, aufhört, in zwei Richtungen zu spalten: sie muss um den Zusammenhang der eben geschilderten Ereignisse mit der Teilung Polens nachzuweisen, sowohl dem Gange der preussischen als dem der englischen Politik folgen und zeigen inwiefern, infolge des Zusammenbruchs des Pitt'schen Systems, an beiden Höfen die bis dahin auf die Befestigung Polens zielenden Bestrebungen einer anderen den Polen verhängnisvoll gewordenen Haltung Platz gemacht haben.

Um mit Preussen zu beginnen, so ist hier zuerst der ersten Mission Bischoffwerders nach Wien (Februar 1791) zu gedenken, da diese den Glauben erwecken könnte, dass das preussische Cabinet schon vor Pitt's Rückzug dem englische Systeme untreu geworden sei. Wurde diese Mission doch den Engländern — wenn auch gleichzeitig damals Lord Elgin um die Freundschaft Oesterreichs warb [1]) — bis in den April hinein geheim gehalten, und hatte gar Bischoffwerder vor seiner Abreise nach der österreichischen Hauptstadt dem österreichischen Gesandten, Fürsten Reuss, versichert, dass, wenn es zum Einverständnis mit dem Kaiser käme, der König bereit sein würde,

---

[1]) vgl. S. 45, 49.

trotz Englands Widerspruch den Russen Oczakow zu überlassen.[1]) Er habe es satt von England eine Schelle angehängt zu erhalten.[2]) Aber dem ist entgegenzuhalten, dass Bischoffwerder diese Sprache nur so lange führte, als man in Berlin über die Haltung Englands für den Fall, dass man es zum Kriege mit Russland kommen liesse, im Zweifel war — er sagte zu Reuss, man werde in London von dem Status Quo abgehen müssen, da man zum Kriege schwerlich die Zustimmung des Parlaments erhalten würde[3]) — und dass seine Sprache umschlug, sobald man der

---

[1]) Sybel, Geschichte der Revolutionszeit (4. Auflage) I. 276.
[2]) Beer, Leopold II., Franz I. und Catharina. S. 89.
[3]) Bericht von Reuss bei Beer. Die Stimmung, welche damals am preussischen Hofe England gegenüber herrschte, ist besonders gut aus Ewart's Unterredungen mit den preussischen Staatsmännern ersichtlich So sagte Hertzberg: „there was at the Court of London an evident intention of procrastinating and of never coming to a final decision to employ rigorous measures against Russia. He said he saw that England was not resolved upon the part, she would take, that therefore it would be as well to declare at once her determination not to go to war with the Empress and let her make her peace with the Turcs on her own terms and thereby save the allies the trouble and expence of an armament." Und noch interessanter sind Bischoffwerder's Aeusserungen, der gerade vor der Abreise nach Wien stand: „he has told me, that altho' the king adhered to the measures proposed, yet he could have wished to see any one given case specified, in which he should have been assured to a certainty of the effectual support of a British fleet . . . . The King by no means wished for war, but he felt his dignity hurt at not being able to announce positively the conduct he should follow in any given case, whereby he also thought, he was prevented from contributing more effectually to the restauration of peace without having recourse to measures of force." Ewarts Bericht, 23. Januar 1791. Rec. off. Prussia, vol. 146.

englischen Mitwirkung sicher zu sein glaubte. Nach seiner Rückkehr aus Wien nahm er sogar Gelegenheit dem englischen Gesandten die Gesichtspunkte seiner Politik in bemerkenswerter Uebereinstimmung mit denen Pitt's vorzutragen: von der Notwendigkeit ausgehend, in der man sich befände, der Zarin energisch entgegenzutreten, entwickelte er, dass auch er die Bildung eines künftigen Systems im Auge habe, und zwar eines solchen, das Preussen gegen Angriffe von Seiten der Kaisermächte sichern und zugleich die Möglichkeit schaffen sollte, auch sonstigen Uebergriffen dieser Höfe Schranken zu setzen. Das wäre auch der sehnliche Wunsch und die eigentliche Triebfeder seines Königlichen Herren.[1]) — Auch Bischoff-

---

[1]) „The argument, Colonel Bischoffwerder laid the greatest stress upon, was the formation of a future system. This idea, he said, must be totally given up, if we abandoned the ground, on which the negociation with Russia had hitherto been carried on, as it would be no longer possible to retain any credit or influence whatever either in Poland or at the Porte and we should thereby loose two very important links of the grand federal chain the allies had in view. He said, that perhaps the first and most evident motive of the king's conduct was the assuring to this country such a system of alliance, as would shelter him from any future attack of the two imperial courts and at the same time enable him to continue the conspicuous part his predecessor maintained by suppressing the ambitious views of either of those courts upon other persons. This could only be done by establishing at present such a character of firmness and resolution, as might overrawe our enemies and inspire confidence into our allies and those who were now upon a footing of friendship with us and whose alliance might not only be obtained but made an object of great importance by a proper and judicious conduct . . . . . While if a contrary line of conduct was pursued, we should neither acquire new allies nor, he feared, keep up the necessary harmony

werder's zweite Sendung erfolgte, wie wir bereits erwähnten, ursprünglich noch in vollem Einklange mit den englischen Staatsmännern, wie von diesen die Annäherung der beiden deutschen Mächte an einander an und für sich begünstigt wurde.[1]) Aber während seines Aufenthalts in Wien trat der Umschwung ein, eben auf die Mitteilung hin, dass das englische Cabinet sich endgültig entschieden hatte Preussen in der russischen Angelegenheit im Stich zu lassen.[2]) Jetzt schloss Bischoffwerder, nicht zum mindesten von der Besorgnis geleitet einer Koalition der Kaisermächte isolirt gegenüber zu stehen, jene unheilvolle Convention vom 25. Juli 1791 ab, die weil sie einerseits ohne jede Verbindung mit England verhandelt wurde, andererseits den russischen Sympathien

---

within the alliance already formed." Der Bericht über diese Unterredung schliesst: „having read to Mr. de Bischoffwerder all that part of this despatch which relates to the immediate wishes and intentions of His Prussian Majesty, the Colonel assured that it is a very exact statement of His Majesty's sentiments." Ewart empfahl daraufhin auch seinerseits noch einmal ein Aufrechterhalten des Systems „for supressing the influence of cabal and faction and for maintaining in His Prussian Majesty a sufficiently strong idea of the importance of an english alliance." Bericht von Ewart, Berlin 11. März 1791. Rec. off. Prussia, vol. 146.

[1]) So liest man u. a. in einer Instruction von Leeds an Ewart, 5. November 1790: „It would be extremely unfortunate, if any event should create jealousy and humour between Austria and Prussia, two countries which it is so much the interest not only of their own dominions but of Europe in general to see in good understanding."

[2]) Bischoffwerder an den König, Wien, 25./26. Juli 1791, bei Herrmann, Zur Geschichte der Wiener Convention. Forschungen zur Deutschen Geschichte V, 274.

des österreichischen Kaiserhofes nachgab, den Bruch des Pitt'schen Systems offen verkündete. Er versicherte damals mit bestem Grunde, dass alles anders gekommen wäre, wenn England den Russen gegenüber eine andere Haltung beobachtet hätte.[1]

Die polnischen Angelegenheiten waren übrigens, soweit es sich um den Ursprung des Teilungsplanes handelt durch diese Verhältnisse nicht berührt, da Kaiser Leopold durchaus gewillt war die Selbstständigkeit Polens zu erhalten und seine freundschaftlichen Gesinnungen für Russland nichts mit dem Gedanken einer Schädigung Polens zu thun hatten; ganz im Gegentheil suchte er es der Zarin plausibel zu machen, dass es auch in ihrem Vorteile läge die Integrität Polens zu wahren.[2]

Auf den eigentlichen Zusammenhang mit Polen führen also erst Preussens Beziehungen zu Russland, wie sie sich aus dem Bruche des englischen Systems ergaben und in der polnischen Politik Preussens ihren Ausdruck fanden. Es ist hier der Wechsel in der Stimmung des preussischen Cabinets an den Erörterungen zu verfolgen, welche sich an den viel besprochenen polnischen Staatsstreich vom 3. Mai 1791 geknüpft haben. Wie dieser nämlich — wenn gleich aus selbstständigen Impulsen der Polen hervorgehend, und nicht wie lange angenommen worden ist durch Umtriebe auswärtiger Agenten herbeigeführt, — von vornherein mit den Ereignissen der grossen Politik in

---

[1] Ders. an dens., Wien, 23. Juli 1791. Ebendaselbst S. 272.

[2] Sybel, „Zur Politik Kaiser Leopold's II." Sybels Historische Zeitschrift XXIII, 75.

engster Verbindung gestanden hat, so bildete er für die europäischen Mächte, von hier an bis zum Untergange Polens den Angelpunkt der polnischen Frage. Man kennt seinen Zweck: die Einbringung einer neuen Verfassung, welche das Land selbstständig machen sollte und hierzu vornemlich die Erblichkeit der polnischen Krone im Hause Chursachsen verkündete. Dabei hatten die auswärtigen Verhältnisse insofern einen Einfluss ausgeübt, als durch das Zurückziehen Pitt's, dessen Vorgehen gegen Russland man in Warschau mit gespanntester Aufmerksamkeit verfolgt hatte, das Gefühl wachgerufen worden war, in Stich gelassen zu sein, so dass die Polen die Form des Staatsstreichs gewählt hatten, um sich ohne jeden Verzug selbst zu helfen.[1]) Wäre es also zu viel gesagt, dass, wenn Pitt festgeblieben wäre, man die alte Verfassung beibehalten hätte, so lässt sich doch behaupten, dass die Entwickelung sich anderenfalls sicherlich in ruhigerer Weise vollzogen haben würde.

Preussischerseits ist dieser bedeutsame Schritt der Polen anfangs mit Genugthuung begrüsst und nachdem man sich über die veränderte Sachlage klar geworden war, — besonders zeigte sich der preussische Monarch jetzt bereit, von seinem ursprünglichen, einer polnischen Erbmonarchie durchaus feindlichen Standpunkt mit Rücksicht auf die allgemeine politische Lage abzugehen, — den preussischen Interessen entsprechend erachtet worden. Denn man durchschaute in Berlin sehr bald, wie peinlich der Petersburger Hof durch diesen Vor-

---

[1]) Bericht von Hailes, Warschau, 3. Mai 1791. Rec. off. Poland, vol. 131.

fall berührt werden musste,[1]) und nicht nur, weil man momentan des polnischen Beistandes gegen Russland eventuell noch bedurfte, sondern weil Pitt's System überhaupt, wie man wusste und billigte, auf der Mitwirkung Polens beruhte, schien eine dauernde Stärkung dieses Landes durchaus in die Politik der Alliirten hineinzupassen.[2]) Dazu erschien eine Darlegung des englischen Gesandten, dass man den Staatsstreich sich zu nutzen machen könnte, um den Kaiser von dem russischen Bündnis zu trennen und für die Tripelallianz zu gewinnen sehr einleuchtend: der Kaiser, führte Ewart aus, würde beitragen, den Kurfürsten von Sachsen zu stützen, und daran könnte man anknüpfen um zwischen ihm, Sachsen, Polen und den Allianzmächten eine Koalition zu bilden, die den russischen Einfluss in Polen ausschliessen und die Mittel bieten würde, trotz Verzicht auf den strikten Status Quo, Polen wie Türken zu retten. So liess sich Schulenburg — nach Hertzberg's Rücktritt der bedeutendste unter den preussischen Ministern — nach anfänglicher Verstimmung, von dem Gesandten überzeugen und veranlasste den König dem Kurfürsten

---

[1]) „C'est au reste pour prévenir l'effet des efforts que les deux Cours Impériales et leurs partisans faisaient depuis quelque temps pour augmenter leur influence et même pour opérer une contre-révolution dans ce royaume que le parti bien intentionné c'est vu obligé de faire cette démarche décisive. Je n'ai pû en conséquence que la voir de très-bon oeil et c'est que vous aurez soin de faire paraitre sans affectation dans la manière de vous expliquer sur ce sujet surtout envers les ministres de Saxe et de Pologne." Berlin, le 9. Mai 1791. Ministerialreskript „Au comte de Goltz à St. Petersbourg", Geheimes Staatsarchiv.

[2]) Das möchte ich der Darstellung Sybels gegenüber (I, 291) besonders betonen.

umgehend zu gratuliren und ihm verstehen zu geben, dass man in Berlin nicht abgeneigt sei, vertraulich mit dem Kaiser über Massregeln zu unterhandeln, die gemeinsam zu ergreifen wären, um der Gefahr russischer Umtriebe in Polen entgegenzutreten.[1]) Dieselbe Gesinnung wurde dann in der Instruktion Bischoffwerder's kundgegeben, der auf dem Wege nach Wien in Dresden Halt zu machen und dem Kurfürsten direkte Aufträge zu überbringen hatte.[2])

Und so war es auch hier erst, wie es ganz scharf zu beobachten ist, der endgültige Rückzug Pitt's, welcher auch in der polnischen Politik des preussischen Cabinets den Systemwechsel herbeiführte. Am 10. Juni erging die Nachricht an die preussische Gesandtschaft in Petersburg, dass die Entsendung einer englischen Flotte, die man so sehr gewünscht hätte, nicht mehr zu erwarten wäre; und in eben dieser Depesche wurde zum ersten Male, von dem bisherigen Tone ganz abweichend, an eine gewisse Gemeinsamkeit der preussischen und russischen Interessen in Polen appellirt. Es sei sicher dass, wie man sich auch in Petersburg stelle, die erbliche Monarchie dort nicht angenehm sein könne. Sollten die russischen Minister hierüber also Eröffnungen machen, so solle der Gesandte alles ad referendum nehmen, aber sich wohl hüten eine ähnliche Annäherung zurückzuweisen.[3]) Und wenige Tage darauf

---

[1]) Bericht von Ewart, 7. Mai 1791. Rec. off. Prussia, vol. 147.

[2]) Bei Herrmann VI, 426.

[3]) Die letzten Worte: „en vous gardant cependant de rejetter un rapprochement pareil" sind von Schulenburg mit eigener Hand hinzugesetzt. „Au Comte de Goltz." Berlin, 10. Juni 1791. Geheimes Staatsarchiv.

erging ein anderes Reskript: es sei noch nicht an der Zeit eine so zarte Saite zu berühren, wie die künftigen Schicksale Polens es seien. Er solle aber nicht die geringste Abneigung zeigen irgend welche Insinuationen russischerseits anzuhören, im übrigen aber Gelegenheit nehmen gesprächsweise und ohne Affektation zu versichern, dass der König von Preussen die Revolution nicht bewirkt habe, sondern dass sie ihm ebenso unerwartet gekommen wäre, als allen anderen Mächten.[1]) Und unschwer ist die Erklärung für dieses veränderte Verhalten zu finden. War nämlich mit dem völligen Aufgeben des Status Quo jede Schranke gegen die agressiven Tendenzen Russlands hinweggenommen, und die politische Lage damit überhaupt wieder viel unsicherer geworden, so konnte es jetzt nicht mehr der Vorteil Preussens sein, einen Zustand aufrecht zu erhalten, der nur eben unter der Garantie des Status Quo genehm gewesen war, aber anderenfalls zu bedenklichen Consequenzen führen konnte. Denn kam es jetzt zu neuen kriegerischen Komplikationen, die doch nicht zu verhindern waren, und wurden den Eroberungsgelüsten der Kaisermächte von neuem die Thore geöffnet, so durfte das preussische Kabinet sich den Weg doch nicht dort für sich verschliessen lassen, wo eine Abrundung des preussischen Territoriums am gebotensten war. Dazu kam die andere Ueberlegung, dass falls die Zarin etwa daran dachte nach Abschluss mit den Türken die ihr widerwärtige Verfassung in Polen einfach mit den Waffen in der Hand aufzuheben, es in Preussens Macht — ohne Englands Beistand — ja gar nicht mehr lag sich dem zu widersetzen, und

---

[1]) An denselben. Berlin, den 14. Juni 1791. Geheimes Staatsarchiv.

es also auch für diesen Fall besser wäre, sich mit Russland zu einigen, als Polen zur russischen Provinz werden zu lassen. Das waren von nun an die leitenden Gedanken der preussischen Staatsmänner. Nur darf man sich aber nicht vorstellen, dass dieselben eine Annäherung an Russland sonstwie gefördert oder auch nur die geringsten Vorschläge ihrerseits gemacht hätten. Ihre Meinung war vielmehr, da sie nach den Abmachungen mit Oesterreich nichts zu riskiren hatten, Russland herankommen zu lassen, und die ersten Eröffnungen von russischer Seite zu erwarten;[1] aber es ist doch aus Andeutungen, welche Schulenburg dem englischen Hof gegenüber machte, zu entnehmen, dass sie bereits im August 1791 die Möglichkeit einer Teilung ins Auge gefasst hatten.[2] Eine Entscheidung durfte überdies herausgeschoben werden,

---

[1] „Ce que j'ai déjà fait est suffisant et c'est présentement à l'Impératrice à me dire son opinion. Pour peu que ses vues soient sérieuses elle ne gardera pas longtemps le silence, surtout après avoir témoigné d'ailleurs l'envie de rétablir une meilleure intelligence avec moi." Au Baron de Goltz 27. August 1791. Geh. Staatsarchiv.

[2] Schulenburg führte aus, dass die vorteilhafte Stellung, welche Russland am Schwarzen Meere erlangt hätte, natürlicher Weise der Zarin Hauptaufmerksamkeit dorthin ziehen und sie in der Idee bestärken würde, sich dort fest zu setzen; in diesem Falle werde der Kaiser, was auch immer seine eigentlichen Wünsche sein möchten, aus Unvermögen dem Fortschritt Russlands Einhalt zu thun, genöthigt sein, sich mit ihr zu irgend einem Theilungsplane zu vereinigen, und dann werde Preussen sich in der Nothwendigkeit befinden, an einem solchen Plane, dessen Ausführung es nicht würde hindern können, sich gleichfalls zu betheiligen. Ewarts Bericht, 4. August 1791, bei Herrmann, Diplomatische Correspondenzen S. 72.

weil es noch immer unbestimmt war, ob der Kurfürst von Sachsen die ihm angebotenen Bedingungen überhaupt annehmen würde.

Die Krisis musste aber eintreten, als unter dem Drucke des herannahenden Revolutionskrieges das österreichische Cabinet die Initiative ergriff und mit der Bemerkung, dass Polen nicht länger von dem vorwiegenden Einflusse einer benachbarten Macht abhängen dürfe, eine Denkschrift in Berlin und Petersburg einreichen liess, welche die Sicherstellung des Landes und die Anerkennung der Erblichkeit der polnischen Krone im Hause Chursachsen seitens der Grossmächte anempfahl. Jetzt hielt Catharina den Augenblick für gekommen, ihr bisher bewahrtes Stillschweigen zu brechen, und in Berlin darauf hinweisend, dass die Entstehung einer Macht ersten Ranges, welche auf jeden ihrer Nachbarn den empfindlichsten Druck ausüben könnte für Preussen nicht minder bedenklich sei als für Russland, anheimzustellen, dass Preussen, Oesterreich und Russland über diese bedeutende Sache in ein enges Einvernehmen treten sollten.[1]) Darauf gab der preussische Monarch, welcher aus den übrigen Aeusserungen des russischen Vizekanzlers entnommen hatte, dass die Zarin sehr bald mit Eroberungsplänen hervortreten würde, sein Urtheil dahin ab, dass Russland von dem Gedanken einer neuen Teilung nicht weit entfernt sei, und dass dieser Plan — unter gewissen Bedingungen, die er ausführte - der für Preussen günstigste sein würde. Es war das, wie es in der Geschichte der Revolutionszeit so treffend ausgedrückt ist, das Todesurteil über Polen.[2])

---

[1]) Sybel I, 463.
[2]) Sybel I, 466.

Werfen wir nun, nachdem wir die preussische Regierung sich in diesem dem Pitt'schen System entgegengesetzten Sinne haben entscheiden sehen, unsere Blicke nach London, so finden wir den Staat, den die Continentalmächte bis dahin mit Neid als den leitenden Europas hatten bezeichnen dürfen, nach Sprengung des Systems mehr und mehr isolirt, über die Pläne seines bisherigen Alliirten im Unklaren gelassen und, weil also unwissend wo der Hebel einzusetzen war, um den Polen zu helfen, den Russen gegenüber aber in einer aktiven Politik gehemmt, nach jeder Richtung ausser Stande dem Verhängnisse vorzubeugen.

Zuversichtlich hatte sich das englische Cabinet nach Pitt's Schwenkung nur noch die Zeit hindurch geäussert, in welcher man gedacht hatte, dass das System durch Heranziehung des Kaisers zu retten wäre. Allerdings war, gleich nachdem der Entschluss gefasst war den Krieg mit Russland zu vermeiden, eine Ordre nach Warschau abgegangen die Handelsvertragsverhandlungen zu vertagen, der bald eine andere nachgesandt war, sie ganz aufzuheben[1]); aber die englischen Minister hatten dabei einen besonderen Wert darauf gelegt diese Massnahmen nicht als ein Zeichen veränderter Gesinnung aufgefasst zu wissen und waren ganz ausdrücklich der Besorgnis entgegengetreten, dass irgend welche neuen Teilungsprojekte im Gange seien.[2]) Es waren diese Bestimmungen auch

---

[1]) Grenville an Hailes 3/25. Mai 1791. Rec. off. Poland vol. 131.

[2]) „You will also discourage to the utmost any idea of there being parties to any plan for a new dismemberment or partition of the territories of the republic."

thatsächlich nur gefasst worden, um vorzubeugen, dass jetzt, wo man von dem strikten Status Quo abging, Oesterreich nicht mit Berufung auf die Danziger Forderung Preussens ebenfalls mit neuem Verlangen hervorträte, wovor das preussische Cabinet in London gewarnt hatte. Im Uebrigen hatte man den Staatsstreich gern gesehen. Man hatte ihn, wie bereits ausgeführt, besonders von dem Gesichtspunkte aus betrachtet, dass er für den Kaiser ein Motiv abgeben könnte sich den Allianzmächten anzuschliessen[1]) und in diesem Sinne in Warschau wissen lassen, dass wofern der innere Zustand des Landes der Veränderung günstig sei, die gegenwärtige politische Lage eine Störung der polnischen Bestrebungen weniger wahrscheinlich mache als je. Der Gesandte Hailes war sogar beauftragt worden den aufrichtigen Wünschen seiner Regierung für die Dauer der neuen Verfassung Ausdruck zu geben, nur allerdings ohne dass er, für den Fall, dass infolge derselben Unruhen ausbrechen sollten irgend welche Verpflichtungen eingehen durfte.[2])

Aber in dem Masse als sich die preussisch-englische Allianz löste, wurde es stiller in London. Im Juni erging noch ein Rescript nach Berlin, welches die Gesichtspunkte der englischen Regierung in der polnischen Frage entwickelte und damit auf den Wunsch einer weiteren gemeinsamen Behandlung derselben anspielte: Die allgemeine Lage der europäischen Verhältnisse biete den stärksten Grund in Bezug auf die polnische Frage die äusserste Vorsicht zu beobachten, und in keiner Weise erscheine es wünschens-

---

[1]) Vgl. Grenville's Schreiben an Elgin, 23. Mai 1791, bei Herrmann, Forschungen zur Deutschen Geschichte, V. 252.
[2]) Grenville an Hailes 25. Mai 1791. Rec. off. Poland vol. 181.

wert, dass die Alliirten sich durch irgend welche neue Verpflichtungen bänden, so lange die wichtigen Dinge, die jetzt in Verhandlung ständen, noch unerledigt wären. Die Minister des Königs blieben indessen der Meinung, dass die Errichtung einer festen und dauernden Regierungsform in Polen von Vorteil für die allgemeinen Interessen Europas sein würde und als eine wesentliche Schranke gegen russische Unternehmungen dienen könnte. Zu einer glücklichen Erledigung dieser Angelegenheit, würde mehr wie alles andere ein gutes Einvernehmen mit dem Kaiser beitragen; aber solange dessen Absichten so zweifelhaft blieben, erscheine es in keiner Weise klug sich selbst in irgend einer Weise zu binden.[1]) Wie die hier erwähnten „wichtigen Dinge", aber dann, wie man es in London nicht ohne Empfindlichkeit betonte, ohne jede Rücksicht auf die englischen Intentionen erledigt wurden, so wurden die Engländer hiernach auch von den polnischen Angelegenheiten fern gehalten. Als also in dieser Zeit dem englischen Ministerium von polnischer Seite eine Denkschrift eingereicht wurde, England möge zu Hilfe kommen und bei der Zarin vermitteln[2]) — König Stanislaus schrieb zu gleichem Zwecke einen Brief an König Georg — konnten die englischen Minister den Polen wirklich nichts mehr als leere Worte zur Antwort geben. So war es erst wieder kurz vor Beginn des Revolutionskrieges, dass sich das englische Cabinet in die Politik der Continentalmächte in Bezug auf Polen einmischte. Nicht, dass es dem Petersburger Hofe gegen-

---

[1]) Grenville an Ewart 14. Juni 1791. Rec. off. Prussia vol. 147.

[2]) Datirt 23. Juli 1791. Rec. off. Poland vol. 128.

über eine drohende Haltung eingenommen oder seinen Standpunkt dort überhaupt nur klargemacht hätte; der dortige Gesandte war vielmehr instruirt worden die Regierung in keiner Weise zu engagiren.[1]) Aber es ergingen Weisungen nach Berlin den preussischen Hof darauf aufmerksam zu machen, wie unendlich gefährlich es für die preussischen Interessen werden könnte der Zarin völlige Freiheit des Handelns zu lassen, während die österreichischen und preussischen Truppen gegen Frankreich beschäftigt wären, mit welchen Gefühlen des Unwillens andererseits aber der König den preussischen Monarchen in ein neues Teilungsprojekt würde eintreten sehen. Demgegenüber empfahlen die englischen Staatsmänner eine feste Einigung zwischen Berlin und Wien[2]) und schrieben in diesem Sinne auch nach Wien: Nur hierdurch — durch ein Zusammengehen mit Preussen — seien die immer deutlicher hervortretenden Absichten der Zarin zu hindern, gegen die polnische Konstitution einzuschreiten, deren Aufrechterhaltung man im Interesse der öffentlichen Ruhe liegend, den gemeinsamen Interessen der europäischen Mächte überhaupt förderlich erachten würde.[3])

Von der eigentlichen Sachlage, — der inzwischen erfolgten Annäherung zwischen Berlin und Petersburg — hatten sie eben keine Ahnung, und auch darüber, dass Kaiser Leopold im Gegensatze zu

---

[1]) Grenville an Whitworth, 25. Mai 1791, bei Herrmann, VI. S. 594 (Anhang).

[2]) Grenville an Eden 27. März 1792. Rec. off. Prussia vol. 150.

[3]) Grenville an Stratton 20. März 1792. Rec. off. Austria vol. 29.

Preussen für Polens Selbstständigkeit eintrat, waren sie so wenig orientirt, dass sie ein Entgegenkommen des Kaisers in der polnischen Sache als den Prüfstein seiner aufrichtigen Gesinnungen für Preussen bezeichneten.[1]) Positive Schritte ihrerseits meinten sie übrigens auch jetzt nicht ergreifen zu können und liessen vielmehr Whitworth in Petersburg wissen, es läge nicht in ihrer Absicht, dass er sich dem preussischen Gesandten in dieser Sache irgendwie anschliesse.[2]) Es wurde diese Haltung aber nicht mit einer prinzipiellen Abneigung des englischen Cabinets gegen gemeinsame Massnahmen motivirt, sondern der Gesandte hatte zu sagen, dass er zu wenig von den Absichten der preussischen Regierung unterrichtet sei, um dieselben unterstützen zu können, wie er es sonst seinen Neigungen und seiner General-Instruction entsprechend thun würde.

Waren nun diese Bemühungen des englischen Ministeriums begreiflicher Weise ganz unwirksam, so war die Katastrophe nicht mehr aufzuhalten: der Revolutionskrieg brach aus, und die Zarin liess ihre Truppen in Polen einmarschiren. Jetzt begannen allerdings die Sympathien der englischen Nation für Polen sich zu regen, die wenn sie sich zur rechten Zeit geäussert hätten, das Pitt'sche System nie zum Falle gebracht haben würden. Man bezeichnete das Vorgehen der Zarin als grausam, veranstaltete Sammlungen, und der Schrei der Entrüstung, der durch das Land ging, war so allgemein, dass der russische Ge-

---

[1]) Grenville an Eden, 20. Dezember 1791. Rec. off. Prussia vol. 149.
[2]) Grenville an Whitworth 20. April 1792. Rec. off. Russia vol. 145.

sandte meinte, wäre Polen näher gelegen, so würde die Nation die Regierung zwingen den Polen zu Hilfe zu eilen.[1]) Besonders merkwürdig war der Umschwung in der Stimmung der englischen Oppositionspartei: Fox suchte den Grafen Woronzow persönlich auf und sagte ihm geradeheraus, dass das Verhalten Russlands ihn so peinlich, wie nur möglich berühre[2]), und ein Anhänger der früheren Pitt'schen Politik berichtete aus London: „Fox und sein Anhang legen es jetzt als Verdienst aus, anzuerkennen, dass sie sich geirrt haben und man Oczakow nicht hätte im Stiche lassen sollen, weil es dann weder im Interesse noch in der Macht der Zarin gelegen hätte, das zu thun, was sie jetzt thäte." „Es ist ein bescheidenes Geständnis — fügt der Schreiber dieses Briefes, Unterstaatssekretär Burges hinzu — seitens derer, welche an den jetzigen Uebeln in Polen Schuld sind.[3]) Aber für die englischen Minister war selbst, wenn sie die besten Absichten gehabt hätten, die Zeit zum Handeln vorbei. Sie hielten es ihrerseits jetzt vielmehr für das Richtigste sich in die veränderten Verhältnisse zu fügen, und anstatt ihrem Grolle in Petersburg Ausdruck zu geben, daselbst die Erneuerung des Handelsvertrages zu beantragen.[4]) Auf ein abermaliges polnisches Hilfsgesuch aber wurde folgendes Rescript erlassen, welches ein endgültiges Preisgeben Polens von Seiten Eng-

---

[1]) Bericht von Woronzow 10/21. Juni 1792; Archives Woronzow vol. VIII, S. 241.

[2]) Bericht von Woronzow bei Martens S. 349.

[3]) Burges an Auckland 31. Juli 1792; Auckland Correspondence II, 424.

[4]) Grenville an Whitworth 27. März 1792. Rec. off. Russia vol. 145.

lands bedeutete[1]): Die letzten Ereignisse hätten unseligerweise nur zu sehr die bisher beobachtete Reserve gerechtfertigt und die augenblickliche Lage Polens sei so beschaffen, dass wenig Hoffnung gelassen sei, die Ruhe in diesem unglücklichen Lande wiederherzustellen, ohne dass es hernach wieder in völlige Abhängigkeit von Russland fiele, wofern nicht sogar eine neue Teilung seines Gebietes stattfände. Das bei dieser Gelegenheit von dem Berliner Hofe beobachtete Benehmen, scheine aus der Ueberzeugung von der Gefahr hervorgegangen zu sein, welche den preussischen Interessen aus der Einführung einer kräftigen und dauernden Regierungsform in Polen hätte erwachsen können. Man habe vielleicht nur zu viel Grund zu fürchten, dass die Alternative, welcher man den Vorzug gegeben habe, dem Könige von Preussen noch mehr Ungelegenheiten verursachen werde, als die, welche man verworfen hätte. Aber es leuchte hinlänglich ein, dass, so lange man in Berlin dieser Ansicht gemäss handle, keine Intervention der Seemächte Polen von Nutzen sein könnte, wenigstens keine, die nicht mit viel grösseren Anstrengungen und Ausgaben verbunden wäre, als die Wichtigkeit des Gegenstandes in Bezug auf ihre besonderen Interessen sie möglicherweise rechtfertigen könnte. Alles, was der Gesandte thun könne, beschränke sich also darauf, von Seiten des Königs von England gegen den König von Polen und die polnische Nation eine freundschaftliche Sprache zu führen, aber dabei durchaus dafür Sorge zu tragen alles zu

---

[1]) Grenville an Gardiner 4. August 1792. Rec. off. Poland vol. 132; auszugsweise bei Herrmann, Diplomatische Correspondenzen S. 283.

vermeiden, was dazu beitragen könnte schlecht begründete Erwartungen von Unterstützungen seitens Englands zu nähren. Bedurfte es noch eines äusseren Beweises, dass die englische Regierung damit ganz in das Fahrwasser eingelaufen war, in welchem sie sich zur Zeit der ersten Teilung bewegt hatte, so war dieser dadurch gegeben, dass zur Abfassung dieser Instruktion ein im Jahre 1772 von dem damaligen Staatssekretär Suffolk ausgestelltes Rescript herangezogen war.[1]) Erklingt aus Grenville's Depesche übrigens — wie schon einmal aus der Weisung an Whitworth[2]) — ein Vorwurf gegen Preussen, so wird derselbe nicht mehr falsch zu deuten sein; denn Preussen für Englands Haltung in der polnischen Frage verantwortlich machen wollen, hiesse nach dem von uns gegebenen Zusammenhange die ganze Entwicklung auf den Kopf stellen.

So wäre auch der letzte Akt des polnischen Dramas den Ereignissen der ersten Teilung entsprechend vor sich gegangen, wenn nicht der Revolutionskrieg noch eine Complication herbeigeführt hätte: Mitte November kam die Nachricht nach London, dass die Franzosen, aus Angegriffenen zu Angreifern geworden, die belgische Grenze überschreitend bei Jemappes gesiegt hätten, und Holland, dessen Sicherheit von jeher eines der Hauptmomente der Politik Englands gebildet hatte, aufs ernsteste gefährdeten. So trat für Pitt die Notwendigkeit ein, aus der strikten Neutralität, die er bis hierher dem französischen Kriege

---

[1]) Es liegt den Akten ein Auszug aus der Instruktion von Suffolk an Harris, datirt 7. August 1772 bei.

[2]) Vergl. S. 72.

gegenüber beobachtet hatte, herauszutreten, um mit den Continentalmächten über eventuell gemeinsam zu ergreifende Massregeln zu beraten und also auch eine Verbindung mit den Mächten vorzubereiten, welche die Teilung Polens in ihr Programm aufgenommen hatten. Es ist nun gesagt worden, dass, als Pitt jetzt offiziell von den Eroberungsplänen der Alliirten Kunde erhielt, er in Wien seine Zustimmung zu dem daselbst gewünschten und mit Preussen verabredeten bairisch-belgischen Tausche gegeben habe, wenn Oesterreich unter englischer Vermittlung Frieden schliessen und dann seinerseits den englischen Widerspruch gegen die Teilung Polens unterstützen wollte [1]); und es ist nicht zu leugnen, dass das noch eine Möglichkeit gewesen wäre die Teilung in letzter Stunde zu verhindern. Man hätte dann zu forschen, warum man auf diesem Wege zu keinem Ziele gelangt ist. Ein eingehendes Studium der Akten hat jene Annahme aber nicht bestätigt und hat vielmehr ergeben, dass ein Konflikt der englischen und österreichischen Interessen betreffs Belgiens das letzte Verhängnis Polens geworden ist. Anstatt nämlich, dass Pitt sich bereit erklärt hätte mit Oesterreich zusammenzuwirken, um Polen auf Kosten Belgiens zu retten, wie es den Intentionen des Kaisers zweifellos entsprochen hätte, ging ihm der Wunsch Belgien als Damm gegen Frankreich in weiterem Besitz einer grossen Militärmacht zu sehen bei weitem vor; und wenn auch das englische Cabinet, weil viele in demselben den Krieg für England schon für unvermeidlich hielten, und Oesterreichs Mitwirkung sich zu sichern wünschten, den

---

[1]) Sybel, II, 156.

Tauschplan nicht geradezu zurückgewiesen hat, so ist aus Grenville's Aeusserungen die im Grunde ablehnende Haltung der englischen Staatsmänner doch zur Genüge zu erkennen.[1])

Eine eingehendere Besprechung über die polnischen Angelegenheiten hat unter diesen Verhältnissen zwischen London und Wien aber überhaupt nicht stattgefunden.

Was Pitt dann zu Gunsten Polens that, geschah wohl im wesentlichen nur, um, falls England trotz seiner Bemühungen den Krieg zu vermeiden — die polnische Verwicklung verstärkte seinen Wunsch den Frieden zu bewahren — gemeinsam mit den Teilungsmächten in denselben eintreten musste, der parlamentarischen Kritik gegenüber betonen zu können, dass alles geschehen wäre, um die Teilung zu hindern. So wurde dem preussischen Gesandten Jacobi mit dem Bemerken, dass man das Vorgehen des Königs von Preussen ebenso ungerecht als unpolitisch fände zu erkennen gegeben, dass England unter keinen Umständen dabei sein könne, wo die Kriegskosten durch Gewaltthätigkeiten gegenüber neutralen und unschuldigen Mächten gedeckt würden[2]), und Sir James Murray, der zu militärischen Zwecken in das Hauptquartier des Königs von Preussen abgesandt wurde, hatte den Auftrag, das dem Könige selbst zu wiederholen. Dazu

---

[1]) So besonders in Grenville's Schreiben an Stratton, 5. Februar 1793. Rec. off. Austria vol. 29. Auf diese überaus wichtigen Verhandlungen wird übrigens in anderem Zusammenhange viel ausführlicher zurückgekommen werden.

[2]) Grenville an Eden, 12. Januar 1793. Rec. off. Prussia vol. 153.

hatte er darauf hinzuweisen, dass die englische Regierung genöthigt werden könnte, diese ihre Gesinnungen öffentlich bekannt zu geben. Wie wenig die Engländer doch aber gewillt waren Ernst zu machen, ergab sich aus dem Schlusssatze von Murray's Instruktion, dass Ihre Majestät Polen gegenüber in keiner Weise gebunden sei, noch die geringste Absicht habe mit Gewalt einzugreifen oder die Ausführung von Absichten zu hindern, die sie nichtsdestoweniger äusserst misbillige.[1]) Diesem Verhalten entsprechend wurde auch in Petersburg wiederum der polnischen Frage nicht Erwähnung gethan, und der dortige Gesandte that nur was in seinen Kräften stand, um die Ausführung der Teilung noch zu verschieben.[2]) Was er darüber hinaus über das Verderbliche der Teilungspolitik bemerkte, geschah aus eigenem Antriebe, und wie er es ausdrücklich betonte, ohne dass er von seiner Regierung beauftragt worden wäre.[3])

Alle Rücksichten aber wurden fallen gelassen, als Pitt aus der Stimmung, in welche die Nation nach der Hinrichtung Ludwigs XVI. versetzt war, ersah, dass der Krieg volkstümlich werden würde und die Opposition keinen Strich mehr durch die Rechnung

---

[1]) Grenville an Murray, 20. Januar 1793; Auckland Papers Br. Mus. 34, 447, Copie. Diese hier gefundene Copie war mir um so willkommener, als ich Murray's Papiere im Rec. off. nicht ausfindig machen konnte.

[2]) Berichte von Whitworth Januar 1793. Rec. off. Russia vol. 142.

[3]) „Whatever I have said therefore can in no wise be binding nor be considered as the language of my Court."

machen könnte. Jetzt erklärte sich Pitt zu festen Abmachungen mit den Continentalmächten bereit und liess betreffs Polens bemerken, dass die polnische Angelegenheit von den übrigen als getrennt betrachtet werden würde.[1]
Und das war von englischer Seite das Todesurteil für Polen.

Das Gebiet unserer Darstellung schliesst damit ab. So wenig es noch eine Kritik der auswärtigen Politik Pitt's für das von uns behandelte Jahrzehnt im ganzen gestattet, so berechtigen unsere Ergebnisse doch nun zu einem festen Schlusse über Pitt's polnische Politik: Man darf ohne Vorbehalt sagen, dass er das Seinige gethan hat, um jener Kombination der europäischen Mächte, die zum Untergange Polens geführt hat, vorzubeugen. Hat er hernach in die Bahnen von Lord North einlenken und die Teilung geschehen lassen müssen, so war das im Grunde nicht ihm vorzuwerfen, sondern denen, welche ihn in der Durchführung seines Systems gehemmt hatten. Auch Chatham, sein grosser Vater, hätte unter den Verhältnissen, wie wir sie vom Juni 1791 an sich entwickeln sahen, kaum anders handeln können. Und somit ist Pitt auch nicht für das Mislingen der ersten Coalition, soweit dasselbe auf die polnische Verwicklung zurückzuführen ist, verantwortlich zu machen. Gerichtet aber ist Fox, der, indem er Pitt von seinem Wege abbrachte selbst den Grund zu jener unseligen Kriegsführung legte, die er später nicht scharf genug verurtheilen konnte. Für seine damalige Thätigkeit darf

---

[1] Grenville an Eden, 5. Februar 1793; bei Lecky VI, 130.

— so hart es klingen mag — die Thatsache als symbolisch gelten, dass die Zarin sich seine Büste zu Zarskoje-Selo aufstellen liess:[1]) denn Catharina hatte in ihm einen Staatsmann zu ehren, der ihr in jeder Weise in die Hände gearbeitet hat.

---

[1]) Hierzu die Schreiben Catharinas an Woronzow und Ostermann, Juni—August 1791 bei Martens, S. 352.